集人文社科之思　刊专业学术之声

刊　　名：数字治理评论
主办单位：教育部人文社会科学重点研究基地中山大学中国公共管理研究中心、
　　　　　中山大学政治与公共事务管理学院
主　　编：郑跃平

Digital Governance Review Vol.2

编委会成员（按姓氏字母为序）：

安小米（中国人民大学）	刘文静（暨南大学）	张　楠（清华大学）
陈　涛（华中科技大学）	马　亮（中国人民大学）	张会平（电子科技大学）
邓　崧（云南大学）	孟天广（清华大学）	章燕华（浙江大学）
樊　博（上海交通大学）	宋　煜（中国社会科学院）	曾润喜（重庆大学）
葛蕾蕾（国际关系学院）	孙宗锋（山东大学）	郑　磊（复旦大学）
胡广伟（南京大学）	孙　宇（北京师范大学）	郑跃平（中山大学）
黄　萃（清华大学）	谭海波（湖南大学）	朱　琳（华东理工大学）
黄　璜（北京大学）	汤志伟（电子科技大学）	
李　燕（大连理工大学）	王　芳（南开大学）	
刘红波（华南理工大学）	王少辉（武汉大学）	
刘淑华（复旦大学）	于文轩（南洋理工大学）	

学术委员会成员（按姓氏字母为序）：

蓝志勇（清华大学）
孟庆国（清华大学）
徐晓林（华中科技大学）
张锐昕（吉林大学）
Chen, Yu-Che (University of Nebraska - Omaha)
Holzer, Marc (Suffolk University)
Manoharan, Aroon (University of Massachusetts - Boston)
Medaglia, Rony (Copenhagen Business School)
Reddick, Christopher G. (University of Texas - Austin)
Skoric, Marko (City University of Hong Kong)

第2辑

集刊序列号：PIJ-2017-215
中国集刊网：http://www.jikan.com.cn/
集刊投约稿平台：http://iedol.ssap.com.cn/

本集刊获得教育部人文社会科学重点研究基地重大项目
"新技术革命与公共治理转型"（项目批准号：16JJD630013）的资助与支持

DIGITAL GOVERNANCE

REVIEW Vol.2

数字治理评论

第2辑

郑跃平　主编

社会科学文献出版社
SOCIAL SCIENCES ACADEMIC PRESS (CHINA)

目　录

大数据背景下政府数据开放政策的文献量化研究
　　……………………………………… 刘红波　黄煜华 / 1
面向分级诊疗的健康信息共享政策研究：
　　以四川省为例 ……………………… 张会平　杨国富　郭　宁 / 24
找回国家：互联网治理的现实挑战及制度选择
　　………………………………………… 孙　宇　张　绰 / 52
城市政务服务中心多维多层质量测量模型研究
　　………………………………… 明承瀚　张梓妍　徐晓林 / 73
我国网络实名制的实施困境及其对策
　　——基于新浪微博用户的调查 …………… 谭海波　梁榕蓉 / 102
关键词共现的政府数据治理热点主题和前沿趋势
　　——基于Citespace的科学知识图谱方法 ……………… 朱　琳 / 125
如何从需求端提升电子政务的建设水平
　　——评《电子治理与跨边界合作：创新实践与提升工具》… 范梓腾 / 148

征稿启事 / 160

稿件体例 / 162

大数据背景下政府数据开放政策的文献量化研究*

刘红波　黄煜华**

【摘要】 国家大数据战略实施以来，我国将政府数据开放作为战略重点，并出台了一系列相关政策。本文以75份国家层面数据开放政策文献为样本，运用 NLPIR 分词系统、ROSTCM 6.0 分析软件和政策工具分别对政策文本进行词频特性分析、语义网络构建和内容量化分析。研究发现，我国政府数据开放的政策类型存在单一性和局限性，发文机构具有层次性和广泛性，政策领域呈现纲领性和发散性，政策框架具有渐进性和周期性；数据开放政策以公共服务供给为导向，以数据管理体系构建与数据开放共享平台建设为重要任务，不断深化大数据技术的运用；政策工具方面，战略规划类工具运用最多，具体措施类工具次之，鲜有组织保障类和政策支持类工

---

* 教育部人文社会科学研究青年基金项目"基于一站式服务的政府信息资源共享机制研究：以广东省网上办事大厅为例"（14YJC630081）；广州市哲学社会科学"十三五"规划 2018 年度课题"大数据背景下广州政府数据开放共享动力机制研究"（2018GZYB11）；中国博士后科学基金资助项目"面向智慧城市的公共服务供给模式创新研究"（2014M552292）。
** 刘红波，华南理工大学公共管理学院副教授、硕士生导师，中国（海南）改革发展研究院博士后，广东省决策咨询研究基地——华南理工大学社会治理研究中心研究员，主要研究领域为电子政务、智慧城市、数字治理和城市风险治理；黄煜华，中国人民大学法学院硕士研究生，研究方向为行政法学、政府信息公开制度。

具。结合政策现状,本文也提出推进政府数据开放的对策建议。

【关键词】 政府数据开放;政策工具;语义网络;大数据

一 引言

政府数据是一种公共物品和重要的基础性战略资源,也是新的生产要素和重要生产力(新华社,2017)。开放政府数据有利于提升政府透明度和公众参与度,释放数据价值,推动创新发展,有效提升经济和社会价值(M. Janssen, Y. Charalabidis & A. Zuiderwijk, 2012;Attard, J., Orlandi, F., Scerri, S., & Auer, S. 2015;Zhao, Y., & Fan, B. 2018)。政府数据开放基于开放政府理念,而后者围绕透明、参与和合作三个关键词展开,并为公共行政创新提供了一个新的范式(Franceschetti, L., 2016)。随着大数据战略的实施,政府数据开放越发受到广泛关注。经济社会发展和人民生活改善离不开大数据治理,而政府数据开放是大数据战略和大数据治理的核心内容(John Carlo Bertot et al., 2014),数据开放充分与否直接关系到大数据战略实施和数字中国建设的成败。

近年来,我国已将政府数据开放作为战略重点,并出台了一系列相关政策。国务院(2015)印发的《促进大数据发展行动纲要》要求"稳步推动公共数据资源开放,加快建设国家政府数据统一开放平台";国家"十三五"规划将"加快政府数据开放共享"列为重点建设内容;各地方政府也纷纷出台相应的推进政策,由此推动了我国政府数据开放的快速发展。复旦大学等联合发布的《中国地方政府数据开放报告(2018)》统计,2012~2018 年,我国已陆续上线 40 多个符合政府数据开放基本特征的地级市及以上平台。这些平台在推动创新发展和创造公共价值方面发挥着重要作用。同时报告也显示,我国政府数据开放在量和质上仍存在较大缺陷(郑磊、刘新萍、郑跃平,2018)。

政府数据开放起始阶段,更应做好顶层设计和基础性的政策制度体系建设。尽管我国已初步形成了贯穿政府数据生命周期的开放政策框架,但尚未形成全国统一的政府数据开放的政策体系(黄如花、温芳芳,2017),缺乏国家层面上的统一战略和法律保障,也没有建成全国性的数据开放平台(邓崧、葛百潞,2017),绝大部分省市缺乏明确针对开放数据的政策法规(蔡城城、刘新萍、郑磊,2017),与政府数据开放相关的法规政策仍存在"散、弱、空、同"等问题(郑磊、刘新萍、郑跃平,2018)。因此,这需要我国在数据开放领域的政策体系建设上不断探索完善。

本文从政府数据开放的政策视角出发,以我国大数据战略实施以来的国家层面的数据开放政策文献为研究对象,分析我国政府数据开放政策的结构特征,并运用分词处理、语义网络分析和政策工具分析等量化研究方法,探索政府数据开放的工作重心、政策工具运用和议题关注情况。本文的研究将有助于我们深入把握大数据战略目标周期内政府数据开放的顶层设计和关键议题,并梳理探寻现有政策结构上存在的问题,从而为推动数据开放政策的优化完善提供对策建议。在以下部分,本文首先在梳理相关文献的基础上提出分析框架;其次,选择分析的政策样本并介绍所采用的分析方法;再次,给出研究所得结果并加以分析;最后,在梳理研究结论的同时提出推进政府数据开放的对策建议。

二 相关研究述评与分析框架

(一)相关研究述评

针对政府数据开放政策体系,学界在多个角度展开了研究。在政府数据开放政策内容框架的建构(赵润娣,2016)、地方政府开放数据准备度评估(蔡城城、刘新萍、郑磊,2017;杨孟辉、刘华,2015)、政府部门数据开放能力的认定与评价(Zhao, Y., & Fan, B., 2018)以及国内外政府数据开放政策文本比较分析（汤志伟、龚泽鹏、郭雨晖，2017）等多方面进行了探讨。

针对我国政府数据开放的现实，2016 年，中国行政管理学会课题组（2016）曾对我国数据开放政策的要求与发展现状进行了宏观总结。因我国政府数据开放尚处于探索起步阶段，与西方发达国家存在数据开放鸿沟（郑磊、关文雯，2016），向数据开放制度渐趋成熟的国家学习成为必然。美国于 2009 年最早推动政府数据开放，其政策体系已较为成熟，呈现规范化、可视化、开源化的趋势（朱琳、张鑫，2017）。我们既应借鉴美国一整套数据（信息）资源存储、保护、利用和开放的治理政策体系（黄璜，2017），也应借鉴美国政府数据开放共享的跨部门合作模式（黄如花、陈闯，2016）。学习和借鉴不能"拿来主义"，而要以我国数据开放政策体系现状作为分析基础。唯有认清我国数据开放的政策现状与不足，方可做到未来政策制定的精准化，才能够在完善顶层设计时有的放矢。

政策文本分析是研究政府数据开放政策建设时常用的方法之一。有学者采用内容分析法对国家层面的政府数据开放共享政策文本进行分析（黄如花、温芳芳，2017；黄如花、吴子涵，2017）；也有学者对地方政府开放数据政策加以探讨（谭必勇、刘芮，2018）。梳理文献时发现，有些政策文本分析没有清晰界定数据开放的范畴，所选择政策样本中混杂了传统的政府信息公开及政府信息共享的政策内容，所以会在某种程度上影响数据开放政策现状描述的精确性。需要指出的是，数据开放和信息公开在概念上还是有区别的（郑磊，2015），数据开放是信息公开在大数据时代的新的发展阶段（黄璜、赵倩、张锐昕，2016），相比传统的政府信息公开，政府数据开放强调更为原始的数据开放（赵润娣，2015）。另外，政府数据开放与政府信息共享也是两个不同的概念，数据开放的对象是社会，目的是释放市场潜力和增进社会发展，而政府信息共享或政府部门数据共享则侧重于政府部门间的信息资源交换共享，目的是提升行政效率和政务服务水平。所以有必要核准相关概念，并精准筛选政府数据开放的政策加以分析。

总体来看，现有研究大多集中在已经反映出的政策现象上，回归到原始政策文本的实证研究仍然较少。即便是围绕政策文本展开的研究，采用的研究方法也以基于编码统计的内容分析法为主，缺乏与计算机技术相结合的文本分析手段的运用。政策工具理论指导下的政府数据开放研究文献数量较少，且局限于 Rothwell 和 Zegveld（1985）提出的三分类分析视角（供给型、需求型和环境型）。政策工具视角下的政府数据开放政策研究有待丰富。基于此，本研究将引用一种较为新颖的政策工具分析框架，以丰富现有的政策工具研究视角；另外，不拘泥于传统的内容编码分析手段，在相关计算机软件（NLPIR 分词系统和 ROS-TCM6 分析软件）的辅助下对原始的政策文本进行分析。本文希冀通过新的分析工具和分析框架较为全面准确地展现我国政府数据开放政策的现状。

（二）政策工具分析框架

政策工具是政府在实现一定政策目标或解决公共管理问题时，采取的各类手段的总称，这些手段包括资金、人力、组织机制等范畴。政策工具有着不同的分类方式，有学者将政策工具分为需求型、环境型和供给型三类（Rothwell. R. & Zegveld. W.，1985），着重从政策结构的内外部影响因素角度对政策工具进行研究；另有学者从政府对市场和社会各类事务的介入程度进行分类，将政策工具分为自愿性工具、强制性工具和混合型工具三类（迈克尔·豪利特、M. 拉米什，2006）等。这些分类标准被广泛应用于教育政策、卫生政策及环境政策的分析当中。针对数据开放政策的某些研究也运用到了以上分类标准（汤志伟、龚泽鹏、郭雨晖，2017）。

选择何种政策工具分类方式或标准，取决于政策议题的特性及所要研究的角度。政府数据开放同国家大数据战略密切相关，数据开放的推进关键在于数据开放平台的建设，是一项同信息技术发展结合较为紧密的工作，这和战略性科技产业特征趋同。另外，除了技术要素以外，政府数据开放更为依赖体制机制的完善来弥合部门间的"数据烟囱"，更好地推进数据开放共享，因此又需要重点分析组织制度的保障作用。为了满足这两个方面的要求，笔者采用战略性新兴产业发展的政策工具体系分类方式，此种分类不仅"补充了政策工具理论中的三分法"，还"将组织保障类工具的重要性体现了出来"（胡赛全等，2013）。依据此分类，本文将我国政府数据开放政策工具体系分为战略规划类、组织保障类、具体措施类和政策支持类（见表1），并在此基础上对我国数据开放顶层政策展开分析。

表 1 政策工具分类及说明

政策工具		简要说明
战略规划类	战略指导	主要是指推行政府数据开放工作的总体方针和指导方向
组织保障类	领导体制	主要是指为推行政府数据开放工作而采取的组织支撑措施
	协调机制	
	评估机制	
	问责机制	
具体措施类	基础设施	主要是指为推动政府数据开放过程而采取的具体处理办法
	重点项目	
	技术攻关	
	产权保护	
政策支持类	财政支持	主要是指为了间接促进政府数据开放发展而出台的各种服务性政策
	人才培养	
	开放参与	

在推进政府数据开放的具体工作中，四类政策工具发挥着不同的作用（见图1）。战略规划类政策工具将从宏观规划上指导政府数据开放工作；组织保障类和具体措施类政策工具将通过机制建设和方案最大化地整合各方资源，推动政府数据开放工作的开展；相对而言，政策支持类政策工具对政府数据开放有着间接的影响。

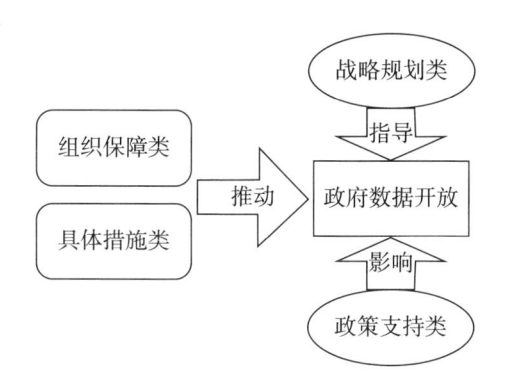

图 1 政策工具对政府数据开放的作用方式

三 样本选择与研究方法

（一）样本选择

本文所选取的政策样本均来源于"北大法宝""北大法意网"等政策法规数据库，并在国务院各部门的相关门户网站进行查询补充，保证了原始数据库的权威性和完整性。而后在原始数据库进行关键词的组配检索，如"数据""开放""发布"等，共得到1373份原始政策文献（截至2018年3月1日）。

为使政策样本更具针对性，笔者依据三条标准对原始政策文献进行了二次筛选：（1）鉴于研究服务于国家层面的数据开放战略，因此采集的样本群也聚焦于国家层面的政策文本，具体包括全国人民代表大会、中共中央、国务院及各部委发布的通知、规划、纲要、命令、办法和意见等（除了标准的15类党政机关公文外，也考虑纳入方案、纲要、规定等非法定公文类型）。（2）发文时间以2015年8月31日为起点。国务院于当日印发了《促进大数据发展行动纲要》，这是政府数据开放被纳入国家大数据战略的起点，也是我国政府数据开放政策体系建设的重要里程碑。自《纲要》发布后，与政府数据开放相关的政策文献数量呈现明显的上升趋势，以这个时间节点为界限，选取的文本更能反映我国政府的权威关注与时代特征。(3) 文本内容与政府数据开放密切相关。对一些政策制定过于宽泛，相关政策内容过于简短，或者规制主体并非政府的文本进行过滤，只保留能反映政府数据开放一般性特征的文本。经过二次筛选后，共得到 75 篇政策文献，本研究将以此作为分析样本。

(二) 研究方法

本文采用内容分析法对 75 份政策文本的内容进行量化分析，并采用 NLPIR 自然语言处理框架和 ROSTCM 内容分析软件，辅助政策文本的分析。NLPIR 全称为大数据搜索与挖掘共享开发平台。是中科院计算所研发的一套自然语言处理软件，能专门针对原始文本集进行处理和加工，是目前最为完善的自然语言处理工具之一。作为一个知识数据的处理工具，NLPIR 主要提供了全文精准检索、分词标注、文本聚类、统计分析等 11 种功能。鉴于本文的研究侧重于文本内容的考察，笔者仅着重使用了分词标注及统计分析两大功能。为使文本结构的呈现可视化，笔者还利用 ROST ContentMing 6.0 内容挖掘系统（简称 ROSTCM 6.0）对词汇共现结果进行可视化处理，构建我国顶层数据开放政策的语义网络。语义网络的构建，是基于词频共现结果的处理。

四 研究结果与分析

(一) 我国政府数据开放政策的结构特征

1. 政策类型：单一性与局限性

在纳入统计的 75 份政策样本中，所涉文件类型只有 7 种，其中通知类文件的数量（51 份）远超其他类型的文件；标准公文（通知、意见、通报、报告）的数量占 92%，非法定公文类型文件（规定、纲要、方案）占总量的 8%。由此可见，我国绝大多数的政府数据开放政策文件是以标准公文的形式发布的。有关部门不是只停留在对开放政府数据提出见解或处理意见，就是对政府的工作事项要求进行上传下达，缺乏在实际落实中更具针对性的"办法""规定"等文件类型。这反映了我国数据开放政策类型较为单一，指导意义较强，但针对性不足，此状况将影响具体政策落地执行的效力。此外，政策文件能上升到法律法规的只有一部，且不具普适性。我国数据开放顶层政策的文本效力及立法影响有待提升。

2. 发文机构：层次性与广泛性

笔者试图通过机构涉文次数（发文机构所涉文件数量）来衡量政策的组织构成；通过组织机构范围（发文单位在机构编制结构中所处的位置及与其他机构的关系）来衡量政策的组织覆盖面。为精准统计机构涉文次数，避免发文机构分类过细，本文对发文机构进行如下处理：（1）对于单独行文的单位，依据最新《党政机关公文处理工作条例》，办公厅、办公室这类官方机构内部常设以处理日常性、综合性事务的机构，取其直属上级机构为来源；（2）对经由相关组织会议通过的文件，以该组织为来源；（3）对转发机构不纳入计数；（4）对组织机构名称不同且不符合上述情况的，不予合并。

研究发现，发文机构涉及全国人大、中央政府、中央政府各部门等三个层次的34个机构，覆盖面非常广泛。在行文次数上，国务院发文次数（20次）远远领先于其他机构；在国务院各部委中，国家发改委、国土资源部、交通运输部、工业和信息化部均发文4次，农业部、人社部、国家中医药管理局、国家税务总局均发文3次，国家林业局、中国气象局、文化部和国家测绘地理信息局均发文2次。另外，2016年和2017年是各部委发文高峰期（见图2）。

在国务院涉文机构当中，同样分为三套管理系统，分别是国务院组成部门、国务院直属机构与国务院直属事业单位（见图3）。其中，国务院组成部门的涉文机构数目（15个）及涉文次数均为最多（35次），所领导或管理的行政事务最为丰富，与社会公众的广泛利益密切相关，

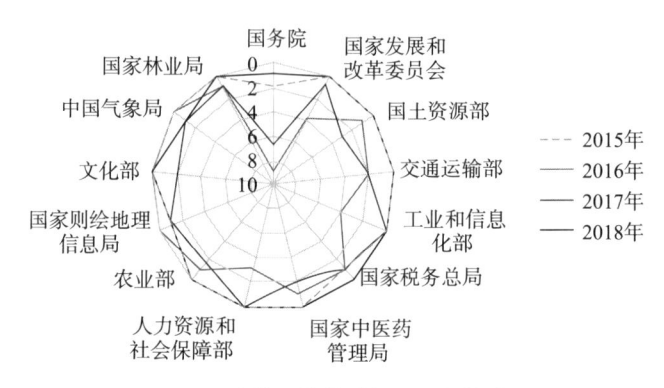

图 2 政策文件的时间－组织构成

涵盖了经济发展、社会服务、文化教育等职能领域。可见，国务院各部委作为政府数据开放过程中主要职责的承担者，以国务院组成部门为职能履行的核心机构群，与国务院直属机构、直属事业单位相互补充，共同履职。在国务院组成部门中，经济发展履职部门的涉文次数占一半以上（51%），社会服务履职部门也占据了40%，而教育文化履职部门仅占9%。这表明，在数据开放政策的发布中，经济管理部门及社会民生部门最受重视，数据开放政策与国民经济和社会的发展息息相关。

总之，政策制定主体覆盖面广泛，涉及党、政府、司法系统中多个机构，同时在权力层次上，呈现人大、国务院、国务院组成部门、国务院部委代管的国家局等权力从属关系。制定主体的层次性与广泛性表明，我国政府数据开放处于顶层设计拓展深化的阶段。

3. 文件领域：纲领性与发散性

结果显示，以《促进大数据发展纲要》《"十三五"规划纲要》《"十三五"国家信息化规划》为代表的纲领性文件构成了核心文件群，统筹指导着其他政策文件的出台及制定。随着制定主体层级的从上而下，政策文件数量越来越多，所涉及的事务越发具体细致。在文件随着权力层级向外发散的过程中，针对的事务领域囊括政府各项基本职能，影响面扩散到社会经济的各个角落。例如，《中国气象局办公室关于印发〈气象政府网站建设与管理指南〉的通知》即是针对"基础设施建设"所出台的文件。

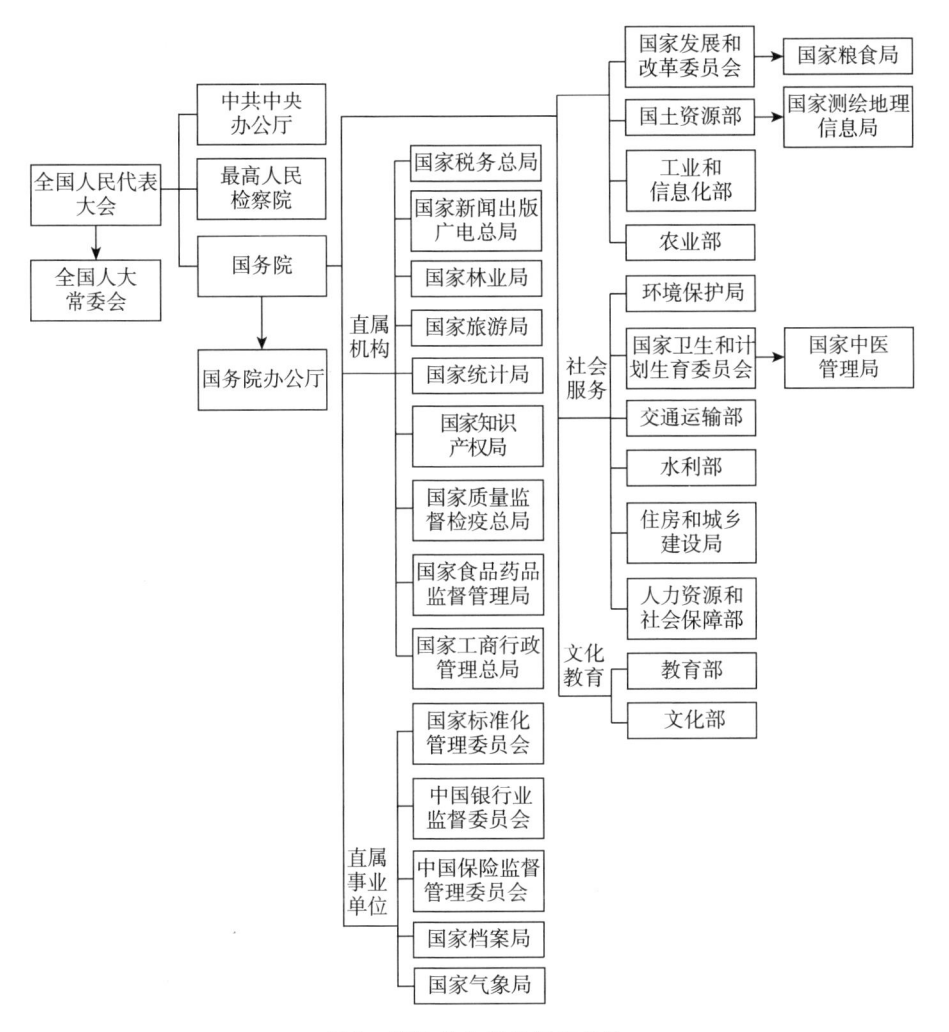

图 3 所涉发文机构组织结构

当前，针对政府数据开放政策文件的分类涵盖了数据发布、数据共享、数据监管等多个领域。这样的数据开放政策文件分类标准存在以下问题：（1）单个文件适用的分类标准模糊。数据开放是政府部门的系统性工程，单个文件可以同时包含多个领域类别。例如，《人力资源社会保障部关于印发"互联网＋人社"2020行动计划的通知》就同时包含了数据创建与交汇、数据发布、数据共享等多个类别。（2）各个部门适用的分类标准不一。目前我国仍处于数据开放的初步建设阶段，虽然新文件出台频繁，但各个部门的文件效力相对独立，侧重点也并不一致。如银监会、证监会等金融监管机构，侧重于数据发布与数据监管，其他领域极少涉及；而工业和信息化部、国家知识产权局等涉及新兴产业支持与保障类部门，则会涵盖数据安全与隐私、知识产权等领域。

4. 政策框架：渐进性与周期性

为了探寻数据开放政策和政策周期的逻辑关系，笔者将政策分为三类：（1）注重全面发展类，主要包含规划、指导性的文件，对政府数据开放具有全局性的指导意义。（2）注重具体工作类，重点对政府数据开放的某些特定行为作出规定，并兼顾前期或后续的支持，如财政支持和咨询改进等。（3）注重监督评估类，即对政府数据开放的政策行为进行监督，并对其政策效果进行评估等，目的是通过纠正错误的政策行为，实现原本的政策目标。由于三类文本部分内容可能存在重叠，笔者将依据具体文本的侧重点进行分类。

分析发现，我国数据开放政策以注重全面发展类为主（41份），其次为注重具体工作类（30份），注重监督评估类文件极少（4份）（见图4）。可见，我国政府数据开放政策最为注重宏观规划，同时也存在具体的政策安排，但对政策的监督反馈不足，将影响政策执行的效度。另外，数据开放政策的出台与政策周期的逻辑相符。在起步初期，注重社会经济全面性发展的政策文件居多；随着指导理念的逐步明确，针对具体工作领域的细分性政策文件开始涌现；在各项政策内容得到完善后，开始关注政策执行的效度，于是评估性、监督类政策得以制定。

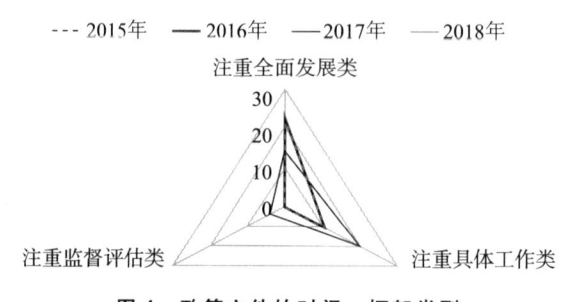

图4 政策文件的时间－框架类型

(二) 我国政府数据开放的工作重心

1. NLPIR 框架下的分词处理

"NLPIR 大数据搜索与挖掘平台"中的"分词标注"功能，正是当今汉语分词技术的成熟体现。在对文本进行分词处理后，文本中的词汇将会呈现"词语/词性"的形式。以《促进大数据发展行动纲要》中的任一句子为例，分词结果呈现如下：

大/a 数据/n 应用/vn 能够/v 揭示/v 传统/n 技术/n 方式/n 难以/d 展现/v 的/ude1 关联/vn 关系/n ，/wd 推动/v 政府/n 数据/n 开放/v 共享/v ，/wd 促进/v 社会/n 事业/n 数据/n 融合/vn 和/cc 资源/n 整合/vn ，/wd 将/d 极大/a 提升/vn 政府/n 整体/n 数据/n 分析/vn 能力/n ，/wd 为/v 有效/ad 处理/v 复杂/a 社会/n 问题/n 提供/v 新/a 的/ude1 手段/n 。/wj

在这种形式的分词结果基础上，词汇便成为文本最基本的考察单位。以词汇为元单位的文本，此时便产生了统计学上的意义——词频。笔者将语料库的所有政策文献进行分词处理，进而得出总词频计数（见表2）。

表2　总词频计数排名（前5名）

政策文献	总词频
《国务院办公厅关于印发"互联网+政务服务"技术体系建设指南的通知》	33615
《国务院关于印发"十三五"国家科技创新规划的通知》	33453
《中华人民共和国国民经济和社会发展第十三个五年规划纲要》	31881
《国务院关于印发"十三五"国家信息化规划的通知》	21067
《国务院关于印发"十三五"国家战略性新兴产业发展规划的通知》	20705

2. 基于词频统计的文本分析

词频统计的结果是政策文本具体内容的表现形式之一。单元词汇在文本集合中出现的频次、概率能在某种程度上反映政策的内容分布及制定者的施政意图，也为我们衡量政策文本内容的各个维度提供了标准。

在分词处理的基础上，运用 NLPIR 对数据进行词频统计。由于工具的限制，词频统计结果中也含有一些没有研究意义的单元词汇，如各类标点符号、量词、介词及一些单字符数词。在剔除以上没有具体的考量意义的词汇后，笔者统计得出一元词汇（见表3）。研究发现，（1）词频方面，即便是高频词汇之间，也存在一定的差距。频次3000以上的词汇有三个，分别为"服务""信息"和"数据"。第二梯度为2000以上的词汇，其中以"建设""技术""资源"最为显著。（2）词性方面，以名词和动词为主；从单一词性来看，名词的频次又高于动词，频次最高的单一名词为"信息"和"数据"，频次最高的单一动词为"加强"和"推进"。不同词性在文本中呈现不同的表达功能和重要程度，政策文本选择具有重要角色的名词和动词作为表达语言，不仅增强了内容的严谨性和权威性，而且提升了信息传递效率。

表3 频次排名前20位的一元词

序号	词语	频次	一元概率	词性	序号	词语	频次	一元概率	词性
1	服务	4314	0.008422	vn	11	国家	2061	0.004023	n
2	信息	4273	0.008342	n	12	管理	1999	0.003902	n
3	数据	3805	0.007428	n	13	工作	1904	0.003717	vn
4	建设	2858	0.005579	vn	14	平台	1842	0.003596	vn
5	技术	2546	0.00497	n	15	安全	1706	0.00333	an
6	资源	2401	0.004687	n	16	社会	1647	0.003215	n
7	加强	2196	0.004287	v	17	部门	1631	0.003184	n
8	推进	2163	0.004223	vi	18	体系	1608	0.003139	n
9	发展	2153	0.004203	vn	19	企业	1586	0.003096	n
10	政务	2090	0.00408	n	20	建立	1472	0.002874	v

再利用 NLPIR 提供的接口获得所有政策文件集合的二元词频，剔除时间、数字、单字符数词和序数词，获得二元词对总数为 13346 对（见表4）。分析发现，（1）共现频次方面，"大""数据"遥遥领先，"政务"与"服务"的共现频次也较高，这两个二元词对的共现频次远高于其他词汇。这反映了大数据技术贯彻于政府数据开放行动当中。在大数据技术支持的基础上，面向民生的政务服务将是政府数据开放的工作重心。（2）二元概率方面，概率最高的是"物－联网"，其次是"国土－资源""主管－部门""大－数据""知识－产权"等，表明这些词对高度相关。综合共现频次与二元概率考虑，"大数据""物联网""政务服务""知识产权""政府网站""国土资源"等内容与政府数据开放工作联系紧密。

表4 共现频次排名前 20 位二元词对

序号	前词	后词	共现频次	二元概率	序号	前词	后词	共现频次	二元概率
1	大	数据	1376	0.780931	11	服务	平台	313	0.072554
2	政务	服务	837	0.400478	12	互联网	+	305	0.269673
3	政府	网站	477	0.328966	13	公开	工作	282	0.388966
4	知识	产权	461	0.71142	14	信息	资源	272	0.063656
5	国土	资源	413	0.915743	15	发展	改革	266	0.123549
6	公共	服务	395	0.38878	16	国家	发展	258	0.125182
7	基础	设施	380	0.348304	17	政务	公开	256	0.122488
8	数据	资源	376	0.098817	18	服务	事项	253	0.058646
9	物	联网	357	0.970109	19	信息	公开	249	0.058273
10	政务	公开	352	0.168421	20	主管	部门	236	0.861314

3. 社会网络语义分析

基于二元词汇表，笔者利用 ROST ContentMing 6.0 内容挖掘系统对词汇共现结果进行可视化处理，得到语义网络图（见图5）。在 Netdraw 上生成的语义网络图，可以反映关键词汇之间的结构关系。结果显示，语义网络的中心区域即为文本内部结构的核心词汇，前五位依次是

"服务""建设""发展""推进""技术"。可见，服务导向与技术运用是政府数据开放工作中的核心内容。在网络中心的外层，"体系""管理""应用""平台"的指向度亦较高，这表明，开放政府数据的任务不仅落实到应用平台的建设上，而且高度重视管理体系的架构。在语义网络的外围，还出现了"国家""企业""社会"等描述主体对象的词汇，表明政府数据开放工作涉及的主体呈现多元化的迹象。

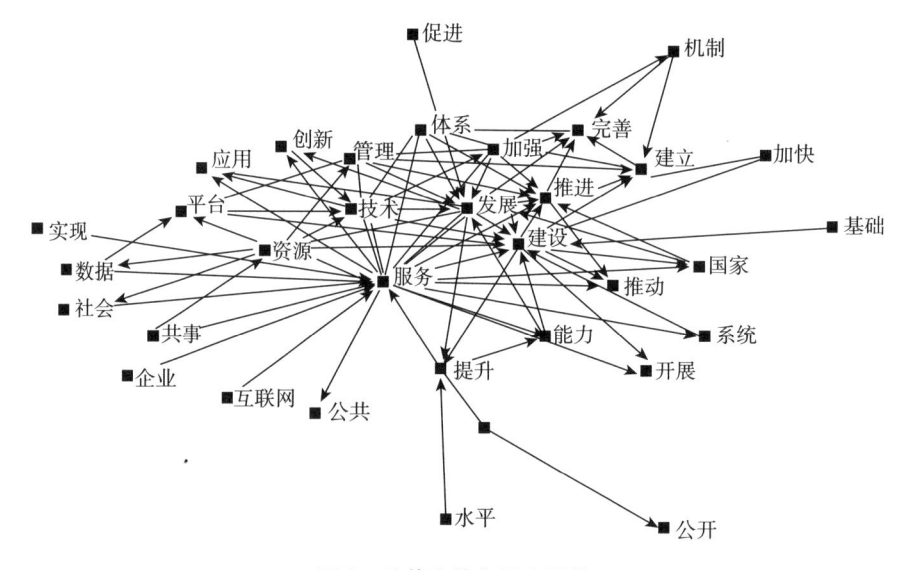

图 5　政策文件集语义网络

（三）我国政府数据开放政策的工具运用

按照本文制定的政策工具分析框架，笔者将政策条款作为分析单元进行标识编码。根据政策工具编码情况（见表5），分析发现，从政策工具的使用数量来看，战略规划类政策工具使用最多（占45.90%），其次是具体措施类政策工具（占30.82%），再次是组织保障类政策工具（占17.71%），最少使用的是政策支持类政策工具（占5.57%）。职能范围上，涉及经济发展（占50.82%）和社会服务（占40.00%）的职能类型要多于教育文化（占9.18%）。工具—职能的二维维度下，同样呈现战略规划类工具、具体措施类工具、组织保障类工具、政策支持类工具的使用数量递减的情况。说明职能范围对政策工具的结构不具明显影响。

表 5 政策工具编码情况

政策工具类型 \ 工具职能	战略规划类 战略指导	组织保障类 领导体制	协调机制	评估机制	问责机制	具体措施类 基础设施	重点项目	技术攻关	产权保护	政策支持类 财政支持	人才培养	开放参与
经济发展	71 45.80%	10 6.45%	5 3.22%	7 4.51%	3 1.93%	27 17.41%	7 4.51%	9 5.80%	6 3.87%	4 2.58%	2 1.29%	4 2.58%
		25 16.12%				49 31.61%				10 6.45%		
社会服务	56 45.90%	8 6.55%	4 3.27%	5 4.09%	3 2.45%	22 18.03%	6 4.91%	7 5.7%	5 4.09%	3 2.45%	1 0.81%	2 1.63%
		20 16.39%				40 32.78%				6 4.91%		
教育文化	13 46.43%	4 14.29%	2 7.14%	2 7.14%	1 3.57%	2 7.14%	1 3.57%	1 3.57%	1 3.57%	0 0	1 3.57%	0 0
		9 32.14%				5 17.86%				1 3.57%		
合计	140 45.90%	54 17.71%				94 30.82%				17 5.57%		

组织保障类政策工具中,出现最多的是领导体制(占 40.74%),领导体制的构成主要为党委、政府、负责数据开放工作的领导小组及其办公室;其次是由专职评估机构、专家学者、第三方评估机构等评估主体组成的评估机制(占 25.93%);协调机制表现为决策部门、项目承担部门、改革牵头部门的配合协作,在分析结果中出现较少(占 20.37%);问责机制最少使用(占 12.96%),文本内对专职监督问责机构、司法机关的表述有限。

首先,具体措施类政策工具中,加强基础建设被使用最多(占 54.26%),其中包括"政府网站""政府数据开放共享平台""数据资源内网"等基础建设；其次为技术攻关（占18.09%），其内容主要包括数据开发、数据质量、数据交换技术和数据隐私保护等；再次为重点项目的推进（占14.89%）；最后，值得注意的是，明确核心技术产权保护的条目仅占12.77%。

政策支持类政策工具中，财政支持（占41.18%）被使用最多，其次为开放参与（占35.29%）。数据开放所需资金主要来自两个方面的供给，一是官方财政经费的支持，二是引入企业、社会组织或公民的资金，积极开展资金或技术上的合作。政策文本中，涉及大数据人才教育培训的"人才培养"条目仅占23.53%。

从研究结果可见，由于本文针对的是国家层面的政策文本，因此战略规划类政策工具较多符合顶层设计的逻辑要求。此外，由于我国数据开放体系的建设目前仍处于起步阶段，发展理念与目标尚处不断更新和完善的过程中，亟须战略规划类政策工具的发展指引。与战略规划类相比，其他类型的政策工具使用明显不均衡。组织保障类及政策支持类政策工具的使用占比较低，考虑到政府数据开放涉及的技术繁多，领域广泛，组织保障的不完善与政策支持力度的不足将直接影响政府数据开放的深化。具体到各类政策工具的使用情况，分析发现：（1）组织保障类工具中，对数据开放牵头部门的规定较为明确，但监督机制与问责机制的强调力度不足。（2）具体措施类工具中，大数据共享平台、政务服务网站建设等基础建设是重点内容，而知识产权保护的关注度不足，也导致了当前政府数据开放管理中数据权属关系的问题（鲍静、张勇进、董占广，2017）。（3）政策支持类工具使用非常少，国家财政对政府数据开放的支撑力度有限，预示着在政府数据开放过程中，工作任务的下发有可能因为经费不足而产生政策效果与政策目的的偏离。此外，开放参与度不高，说明在数据开放项目建设当中，政府和社会资本的合作模式并未得到应有的重视。人才培养的不足，则说明在我国公务员队伍的建设中，大数据技术培训力度有待提高。

四 结论与展望

(一) 主要结论与政策启示

本文选取了75份国家层面的政府数据开放政策文本为研究样本，运用分词处理、语义网络分析、政策工具分析等文本分析手段对我国政府数据开放政策进行了量化研究。研究结果表明，我国政府数据开放政策已初具体系与规模，政策制定主体具有层次性且覆盖面广泛，政策建设初见成效；数据开放政策以公共服务供给为导向，以数据管理体系构建与数据开放共享平台建设为重要任务，不断深化大数据技术的运用。但同时还存在以下问题：我国数据开放政策类型较为单一，指导意义较强，但针对性不足；经济管理部门及社会民生部门更为重视数据开放的政策制定，而教育文化部门则有所欠缺；数据开放政策最注重宏观规划，但对政策的监督反馈不足；政策工具方面，战略规划类工具运用最多，具体措施类工具次之，鲜有组织保障类和政策支持类工具；较多采用领导体制、评估机制来加强组织保障，而较少采用协调机制和问责机制；重视基础建设，而忽视知识产权保护；在数据开放过程中，社会主体开放参与度不高，针对大数据技术人才培养不够等。

针对研究发现的上述问题，本文提出以下对策建议：第一，丰富政策类型，保证政策的落实执行。制定和出台类型多样的政府数据开放政策，尤其是有助于具体政策执行的"办法""规定"等政策类型；待条件成熟，尽快将政府数据开放行动上升至国家立法层面，从多个角度约束政府数据开放行为。第二，引入社会力量，构建多元治理体系。开放政府数据所需要的技术、资金和资源是复杂的，在具体实施中要采取国家与社会资本合作模式解决问题。在政策制定时，要重视构建多元协调治理体系来推进政府数据开放。第三，完善保障机制，支持大数据的深化拓展。加大对政府数据开放的财政投入力度，从经费上保证数据开放基础设施的建设、技术手段的创新。我国公务员队伍中,应当引入新一代信息技术人才,加强原有人员的培训,为开放政府数据提供人才储备。第四,重视监督评估,保证数据开放的力度与效度。未来的政策制定过程中,应针对政府数据开放中数据生命周期的各个环节,出台相应的监督政策,对开放数据的效度质量进行适时评估。第五,保护知识产权,促进政府数据产权规范化。开放政府数据的过程中,多个部门所拥有的数据管理权、技术产权,在目前的政策设计中,均没有得到清晰的确认,这对跨部门的政府数据开放共享构成了壁垒。建立一个得到多个部门共识、统一合理的大数据知识产权使用协议迫在眉睫。

(二) 研究局限与未来展望

样本选择上,本文以北大法意网、北大法宝网等主流法律法规数据库为主,以国务院各部委门户网站的公开文件为补充。这种采集方式虽然保证了采样来源的权威性、可靠性,却无法保证样本集的完整性和全面性。我国数据开放政策建设仍处于起步阶段,制定主体多样,文件制定量日益增长,因此,可能被笔者遗漏的政策文本中所蕴含的理念意旨,无法在研究中得到展示,必然会对研究的结果造成影响。在未来的研究中,结合数据挖掘技术,采集来源更广泛而完整的政策文本,更能保证样本集的完整覆盖面,从而提高研究结论的普适性与指导意义。

技术应用上,NLPIR 分词框架和 ROSTCM 6.0 内容挖掘软件为分析文本的意涵提供了帮助,充实了文本分析的方法论意义。但是,应当清晰地认识到,分词技术仍处于一个不断完善的过程,分词结果的可信度尚未达到完全令人满意的程度。这种分析方法在现阶段,还需结合原始的政策文本内容加以考察。未来随着技术手段的不断进步,将会保证更加客观、科学的文本分析效果。

研究内容上,目前仅聚焦于国家层面的政策文本。国家层面的政策文本必然具有代表性与方向性,但可能会忽视了地方层面政策的独特性与现实性，一个完善的政策体系，需要普适性与特殊性的互补，才能得到广泛的政策效果。未来研究中，需要关注国家层面与地方层面数据开放政策文本的整体分析与对比分析。

参考文献

鲍静、张勇进、董占广，2017，《我国政府数据开放管理若干基本问题研究》，《行政论坛》第1期。

蔡城城、刘新萍、郑磊，2017，《开放政府数据准备度评估：法律法规与政策》，《电子政务》第9期。

邓崧、葛百潞，2017，《中外政府数据开放比较研究》，《情报杂志》第12期。

国务院，2015，《国务院关于印发促进大数据发展行动纲要的通知》国发〔2015〕50号。

胡赛全、詹正茂、钱悦、张峰，2013，《战略性新兴产业发展的政策工具体系研究——基于政策文本的内容分析》，《科学管理研究》第3期。

黄璜，2017，《美国联邦政府数据治理：政策与结构》，《中国行政管理》第8期。

黄璜、赵倩、张锐昕，2016，《论政府数据开放与信息公开——对现有观点的反思与重构》，《中国行政管理》第11期。

黄如花、陈闯，2016，《美国政府数据开放共享的合作模式》，《图书情报工作》第19期。

黄如花、温芳芳，2017，《我国政府数据开放共享的政策框架与内容：国家层面政策文本的内容分析》，《图书情报工作》第20期。

黄如花、吴子涵，2017，《中国政府数据开放共享政策的计量分析》，《情报资料工作》第5期。

迈克尔·豪利特、M. 拉米什，2006，《公共政策研究——政策循环与政策子系统》，庞诗等译，上海：生活·读书·新知三联书店。

谭必勇、刘芮，2018，《我国地方政府开放数据政策研究——以15个副省级城市为例》，《情报理论与实践》第8期。

汤志伟、龚泽鹏、郭雨晖，2017，《基于二维分析框架的中美开放政府数据政策比较研究》，《中国行政管理》第 7 期。

新华社，2017，《审时度势精心谋划超前布局力争主动 实施国家大数据战略加快建设数字中国》，《人民日报》12 月 10 日，第 01 版。

杨孟辉、刘华，2015，《开放数据评价方法研究》，《情报资料工作》第 6 期。

赵润娣，2015，《政府信息公开领域新发展：开放政府数据》，《情报理论与实践》第 10 期。

赵润娣，2016，《国外开放政府数据政策：一个先导性研究》，《情报理论与实践》第 1 期。

郑磊，2015，《开放政府数据研究：概念辨析、关键因素及其互动关系》，《中国行政管理》第 11 期。

郑磊、关文雯，2016，《开放政府数据评估框架、指标与方法研究》，《图书情报工作》第 18 期。

郑磊、刘新萍、郑跃平等，2018，《中国地方政府数据开放报告（2018）》。

中国行政管理学会课题组、鲍静等，2016，《我国政府数据开放顶层设计研究》，《中国行政管理》第 11 期。

朱琳、张鑫，2017，《美国政府数据开放政策与实践研究》，《情报杂志》第 4 期。

John Carlo Bertot、郑磊、徐慧娜、包琳达，2014，《大数据与开放数据的政策框架：问题、政策与建议》，《电子政务》第 1 期。

Attard, J., Orlandi, F., Scerri, S., & Auer, S. 2015. A Systematic Review of Open Government Data Initiatives. *Government Information Quarterly*, 32（4）：399 – 418.

Franceschetti, L. 2016. The Open Government Data Policy as a Strategic Use of Information to Entrench Neoliberalism the Case of Italy. *Partecipazione E Conflitto*, 9（2）：517 – 542.

Marijn, J., Yannis, C. & Anneke, Z. 2012. Benefits, Adoption Barriers and Myths of Open Data and Open Government. *Information Systems Management（ISM）*, 29（4）：258 – 268.

Rothwell. R, Zegveld. W. 1985. *Reindusdalization and Technology*, London：Longman.

Zhao, Y., & Fan, B. 2018. Exploring Open Government Data Capacity of Government

Agency: Based on the Resource-based Theory. *Government Information Quarterly*, 35 (1): 1 – 12.

Quantitative Study on Open Government Data Policy under the Background of Big Data

Liu Hongbo   Huang Yuhua

Abstract: Since the implementation of the national big data strategy, China has made the opening of government data a strategic priority and has issued a series of related policies. This paper uses the NLPIR word segmentation system, ROSTCM 6.0 analysis software and policy tools for analyzing the word frequency characteristics, semantic network construction and content quantitative analysis of the policy texts. This study finds that there are singleness and limitations in the types of policies that China's data are open to the public, the distribution agencies are hierarchical and extensive, policy documents are programmatic and divergent, and policy frameworks are gradual and cyclical. The study also finds that China's data open policy is guided by the provision of public services, takes the construction of data management system and open data sharing platform as important tasks, and continuously deepens the application of big data technology. In terms of policy tools, strategic planning tools are used most, followed by specific measures tools, and there are few organizational guarantees tools and policy support tools. Combined with the current policy situation, this paper also gives some suggestions to promote the opening of government data.

Keywords: Open Government Data; Policy Tools; Semantic Network; Big Data

面向分级诊疗的健康信息共享政策研究：
以四川省为例[*]

张会平　杨国富　郭　宁[**]

【摘要】 2010 年前后，推动健康信息在全国范围内共享，成为许多国家医改的重要举措。与发达国家具备成熟分级诊疗制度不同，我国是同步推进分级诊疗制度建设和健康信息共享，如何让二者相互促进、共同发展值得研究。本文以四川省为例，以分级诊疗制度建设为导向，采用信息政策领域经典的社会－技术框架，结合大数据价值链理论，深入分析四川省健康信息政策的制定和实施状况。研究发现，目前在分级诊疗、医疗机构、信息技术三个维度上存在诸多不足。针对未来发展提出如下建议：统筹推进分级诊疗制度建设与健康信息共享，以医保差异化支付为主要抓手，针对不同区域实际状况

---

[*] 四川省社会科学研究"十三五"规划 2016 年度课题"面向分级诊疗的四川省健康信息交换共享政策研究"（SC16C006）；四川省 2017 年科技计划（软科学研究）项目"面向'互联网＋医疗'发展的四川省健康信息交换共享政策研究"（2017ZR0054）；中央高校基本科研业务费基础研究项目"面向分级诊疗的健康信息交换共享政策分析：基于社会－技术框架"（ZYGX2016J231）。

[**] 张会平，博士，电子科技大学公共管理学院副教授，四川省学术与技术带头人后备人员，研究方向为电子政务、信息化政策、网络空间治理研究；杨国富，电子科技大学公共管理学院硕士研究生，研究方向为电子政务、信息化政策；郭宁，电子科技大学公共管理学院硕士研究生，研究方向为电子政务、信息化政策。

针对性引导实施健康信息共享的模式,并且打造良好的应用环境强力保障健康信息共享的顺利开展。

【关键词】 分级诊疗;健康信息共享;人口健康信息平台;社会-技术框架;四川省

一 引言

伴随社会信息化进程的不断积累,数以亿计的信息系统每时每刻都在采集处理着数据,数据存储容量在大幅度增加,但成本却在急剧下降,人类进入一个"无需'删除'"的世界,大数据应运而生(伊恩·艾瑞斯,2014)。作为一次颠覆性的技术革命,大数据正在重构传统产业形态、带动新兴模式涌现(Chen et al.,2012)。但是,大数据的真正价值"隐喻"在不同领域之中,其产生机理和转换规律具有高度的领域依赖性(徐宗本等,2014)。对于公共服务而言,为了让大数据发挥"超乎意料"的价值,必须充分结合特定领域的特点,并且从已有信息系统中汇集足够"大"的数据。目前在很多公共服务领域,由于在用的信息系统数量庞大、结构不一致并且隶属于众多的公共服务供给主体和监管部门,因此实现领域信息共享极为困难。其中,健康医疗领域颇具典型性,由于健康信息共享在降低医疗成本、提升医疗质量、改善人口健康状况、促进医药和医疗技术创新等方面具有重要价值,许多发达国家将实现健康信息在全国范围内医疗机构之间的交换共享作为推进医疗改革的核心举措。

20 世纪 90 年代初,很多医院开始尝试构建医院信息系统(Hospital Information System,HIS),旨在实现内部各部门的信息共享;进入 21 世纪之后,由于电子病历(Electronic Medical Record,EMR)、个人健康档案(Personal Health Record,PHR)等系统应用的不断普及,区域层面的健康信息共享实践开始出现;2010 年前后,许多国家开始推动健康信息在全国范围内共享。推进健康信息共享不仅是一个技术问题,更是一个社会问题，与政策、文化、经济等因素密切关联。首先，政策目标的确立受到医疗体系、政策环境、社会文化、经济发展等因素的制约（Morrison et al.，2011）；其次，技术平台的开发和实施具有技术、人员、资金、管理、政治等风险（Sicotte & Paré，2010）；最后，上线的系统平台能否被广泛采纳和有效使用，也深受安全、隐私、费用、竞争等因素的影响（Vest，2010）。因此，尽管健康信息共享实践在部分国家取得重要进展，但是可持续发展依然面临着诸多挑战。

2009 年 3 月，《中共中央国务院关于深化医药卫生体制改革的意见》明确提出逐步实现医药卫生信息系统的互联互通；2013 年 11 月，国家卫生计生委和国家中医药管理局印发的《关于加快推进人口健康信息化建设的指导意见》提出"十三五"时期全面建成互联互通的四级人口健康信息平台，实现健康信息全国范围内共享；2016 年 6 月，国务院办公厅颁布的《国务院办公厅关于促进和规范健康医疗大数据应用发展的指导意见》进一步提出大力推动政府健康医疗信息系统和公众健康医疗数据互联融合，充分释放大数据在健康医疗领域中的红利。

与发达国家具备成熟的分级诊疗制度不同，我国同步推进分级诊疗制度建设和健康信息共享，如何完善政策让二者相互促进、共同发展非常值得研究。作为全国第一个全面推进分级诊疗的人口大省，四川省在推进分级诊疗制度建设和健康信息共享方面颇具特色，例如，推进医联体建设和构建统一的基层医疗卫生机构管理信息系统。因此，本文以四川省为案例，以分级诊疗制度建设为导向，运用从多种渠道采集到的丰富资料，采用信息政策领域经典的社会 - 技术框架（Socio-Technical Framework），结合大数据价值链理论，深入分析四川省健康信息共享政策的制定和实施状况，找出存在的不足，并提出进一步完善的对策建议。从学术价值角度上看，本研究不仅丰富了国内健康信息共享研究的内容体系，同时也对社会 - 技术框架在我国政策研究中的运用路径进行了探索，能够为类似的信息政策研究提供启示和借鉴。在应用价值方面，针对四川省推进健康信息共享存在的不足提出建议，不仅对四川省完善面向分级诊疗的健康信息共享具有重要参考价值，而且对于其他省份或地区开展健康信息共享，尤其是如何结合分级诊疗制度建设，推进健康信息共享也具有较大借鉴意义。

二 研究述评

（一）国外研究述评

1. 健康信息共享政策策略研究

Coiera 基于英格兰、美国、澳大利亚三个国家的实践，将健康信息共享政策策略分为自顶向下（Top-Down）、自底向上（Bottom-Up）与中间向外（Middle-Out）三种策略（Coiera，2009）。自顶向下策略由政府主导，通过配置统一的健康信息系统代替现有系统来实现，如英格兰的 National Programme for Information Technology（NPfIT）项目；自底向上策略完全依赖医疗机构，由其负责改进自身系统逐步符合交换需求和标准，如美国的 Health Information Exchange（HIE）项目；中间向外策略综合上述两种策略，医疗机构负责改进系统但要符合国家标准，同时国家通过提供资金支持来促进医疗组织的系统改进，如澳大利亚的 Personally Controlled Electronic Health Record（PCEHR）项目。

在实践过程中，自顶向下策略采用统一系统但缺乏弹性。在使用统一系统代替现有系统的过程中受到很大的阻力，同时由于它是国家统一部署配置的，改革往往"牵一发而动全身"，所以面对不断变化的需求很难做出迅速的调整，创新性难以得到满足。自底向上策略因协调利益困难而缺乏可持续性。掌握着健康信息的医疗机构、行业协会等组织往往是利益驱动的，当健康信息共享分割了其既得利益时，它们将成为共享的巨大阻力；只有当它们能够从政府项目中获得启动资金或者部分运营资金时，也就是共享的收益在短期内可见时，它们才会采纳并实施健康信息共享，所以从长期来看，自底向上的策略难以持续。而中间向外策略逐步成为主流（Morrison et al.，2011；Kierkegaard，2015）。在运用中间向外策略时，强调以下三点：一是注重健康信息共享项目的公共产品属性，政府应提供资金支持促进形成有效治理模式（Vest et al.，2014）；二是先促进健康信息在区域层面实现共享进而推广到全国范围（Garmann-Johnsen，2015；Dixon et al.，2014）；三是合理分配各级政府、医疗机构、健康信息共享组织的角色，以及切实关注病人、医护人员的需求和作用（Vest et al.，2014；Klöcker et al.，2015）。

2. 健康信息共享政策障碍研究

由于各国医疗体系、政策环境等因素不同，推进健康信息共享所面临的障碍也不尽相同，如西班牙主要面对基层医院和专科医院之间健康信息共享的挑战（Torre-Díez et al.，2013）。一般而言，在以公立机制为基础的医疗体系中，特别是当医疗组织必须参与健康信息共享时，障碍主要源于实施过程本身，包括技术路线的可行性、项目成本的可控性、进度安排的合理性、配套政策的完备度等（Kierkegaard，2015；Barbarito et al.，2012；Adler-Milstein et al.，2013）。在由商业保险给予支付的医疗体系中，尤其当医疗组织主要是根据意愿参与健康信息共享时，障碍更多的来自如何协调参与各方之间的利益冲突，常常仅仅能够实现一定范围内医疗组织之间的部分健康数据的共享（Klöcker et al.，2015；Greenhalgh et al.，2013；Abraham et al.，2011）。这种利益冲突表现为医疗机构在收益分配和医疗风险方面的担忧，以及病人在保费成本上的担忧。

例如，如果实现健康信息共享，那么在确诊时为了节约就医成本，医院（确诊医院）可能调用之前医院（检查医院）就诊时产生的部分数据，在为病人节约开支的同时却减少了确诊医院的常规检查收入，并且确诊医院还不得不面对由于检查医院所提供数据的错误而造成误诊的风险。再如，如果实现了健康信息共享，那么为了避免投保人隐瞒病史，承保人就可以不单是对投保人在投保当时的健康状况进行评估，而是基于投保人的健康信息（包括病史及患病几率）对其健康状况进行评估从而计算保费，对投保人来说这可能导致投保成本的增加。

3. 健康信息共享政策评估研究

关于健康信息共享政策的评估主要从五个维度展开：一是健康信息共享所能支持的医疗服务范围，如挂号、转诊及检查结果分享等（Adler-Milstein et al.，2013）；二是健康信息共享的实际使用情况，如医疗机构的覆盖比例、系统的用户注册量、健康信息文档传输频率等（Department of Health of Australia，2013）；三是医护人员和病人对健康信息共享的态度，如医生认可的健康信息共享范围、病人的健康信息隐私关注等（Messer et al.，2012；Rudin et al.，2014）；四是健康信息共享带来的实际效果，包括医疗成本、误诊率、服务满意度、偏远地区医疗条件改善等（Rudin et al.，2014；Byrne et al.，2014）；五是健康信息共享对人口健康状况的促进作用，如疑难杂症诊断、传染病监控预警、医药研发等（ONC，2015）。

（二）国内研究述评

1. 人口健康信息平台建设研究

建设人口健康信息平台（卫生信息平台）是我国实现健康信息共享的基础，国内学者的研究主要集中在三个方面：一是探寻平台建设思路，二是总结平台建设模式，三是分析平台建设存在的问题（孟群、屈晓辉，2011；和征，2011；宗文红等，2014；冯东雷，2014）。平台建设的思路主要包括以下方面：从业务协同的角度建设综合卫生信息管理平台，以及基于原有的居民健康档案建设区域卫生信息共享平台；平台建设模式主要有以机构为基础的自下而上模式、以业务为基础的由线及面模式以及以平台为契机的自上而下模式；平台建设存在的问题集中表现为数据质量问题和业务协同问题等。

2. 健康信息共享标准研究

制定健康信息共享标准是实现健康信息共享的前提，学者们首先研究了从国家层面融合健康信息进而实现语义互操作的方案，例如开发一系列数据组（Data Groups），在综合医院的系统之间实现8个最为常用的临床文档的语义互操作（Yang et al.，2011）。在完成相关标准制定后，学者们又对标准进行了介绍，并对标准的符合性测试问题进行了研究。例如，从整体上阐述了我国健康信息的标准体系，包括基础类标准、数据类标准、技术类标准、安全类标准、隐私类标准和管理类标准（Hu et al.，2014）；探讨了如何根据我国的实际状况建立相应的电子病历信息标准符合性测试方法体系（孟群等，2013）。

3. 健康信息共享配套政策研究

由于电子病历共享应用的逐步展开，国内学者开始关注健康信息共享的配套政策研究，关注的焦点主要集中在信息安全与隐私保护、信息权益对等与信息商业化。例如，针对区域健康信息共享过程中可能存在的各种安全隐患，采用领域分析方法，建立面向区域健康信息共享的居民健康档案安全与隐私保护模型（高玉平等，2013）；对信息权益对等的研究提出从医疗伦理角度出发，强调保护患者在电子健康信息交换中的知情同意权（陈玲等，2013）；对信息商业化政策的研究提出患者应具有对电子病历信息的商业使用控制权，对于非商业使用应建立披露规则（高玉玲，2014）。

从上面分析可知，国内研究主题比较分散，尤其缺乏针对医疗改革多项举措的综合性分析。例如，我国同步推进健康信息交换共享和分级诊疗制度建设，实现分级诊疗需要实现医疗机构之间共享健康信息；从另一个角度而言，分级治疗为健康信息共享提供了至为重要的应用场景。因此，从分级诊疗制度建设出发分析健康信息共享政策具有非常重要的现实意义。同时，由于我国幅员辽阔、人口众多、区域经济社会发展存在差异，不同区域推进分级诊疗制度和健康信息共享的策略、路径并不完全一致，学者们大多是从国家层面对政策的制定、执行状况进行研究，但是缺乏对区域健康信息共享进展的研究。基于区域的实践案例对政策的实施状况进行研究非常必要，因此本文选取四川省为案例对分级诊疗制度建设背景下的健康信息共享政策进行深入研究。

三 研究设计

(一) 分析框架

社会-技术框架源于20世纪40年代伦敦塔维斯托克研究所（The Tavistock Institute in London）对采煤方法的研究，并逐渐演变成一种工作环境设计方法，用于改进雇员的工作条件和满意度（Trist，1981）。20世纪90年代，伴随管理信息系统的广泛应用，学者们基于社会-技术框架，分析信息技术如何与任务、人员和组织文化相匹配，形成任务技术匹配模型（Task-Technology Fit，TTF）（Goodhue & Thompson，1995）。近年来，学者们开始尝试运用社会-技术框架考察分析政策与技术、社会、文化的适应性（Bolton & Foxon，2015；Kim et al.，2015）。

在健康医疗领域，学者们也非常关注社会-技术框架的运用，结合领域特点进行了理论优化，形成了针对性的分析框架。例如，Harrison、Koppel和Bar-Lev提出的ISTA（Interactive Sociotechnical Analysis）框架，用于分析拟采用的医疗信息技术、社会系统、使用中的医疗信息技术，以及物理基础设施间的相互作用和影响（Harrison et al.，2007）；Yusof和Kuljis提出的HOT-fit（Human-Organization-Technology fit，HOT-fit）框架，用于分析医疗信息技术与人员、组织之间的匹配情况（Yusof & Kuljis，2008）。在实证研究方面，Banfield等以四家澳大利亚基层医疗机构为对象，考察了信息使用范围、治理、机密性、数据所有权、标准、财政资助、质量改进计划等对协同医疗信息连续性的影响（Banfield，2013）；Yusof以一家马来西亚三级转诊中心为案例，采用HOT-fit框架，评估了重症监护信息系统的采纳应用状况（Yusof，2015）。

基于上述分析框架，结合四川省同步推进分级诊疗制度建设和健康信息共享实际，并充分考虑健康医疗大数据发展需要，本文提出的分析框架如图1所示。

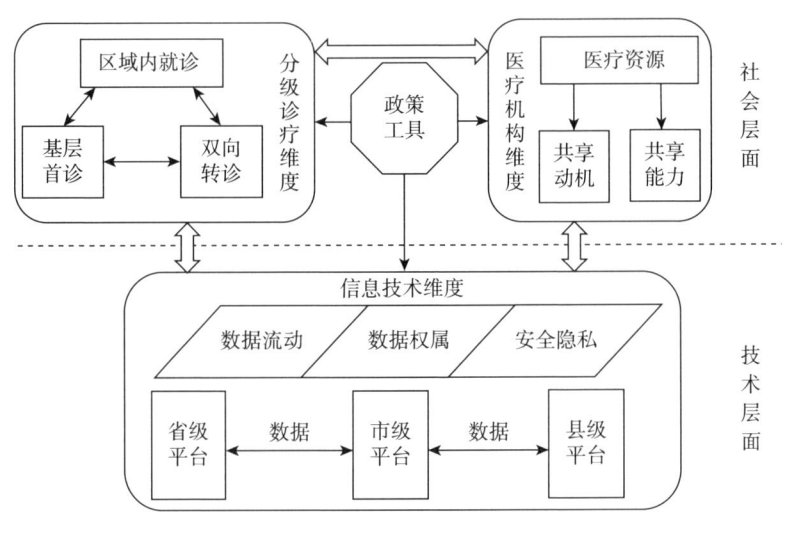

图1　分析框架

社会层面包括分级诊疗和医疗机构两个维度。在分级诊疗方面，核心是不断提升区域内就诊率，尤其是要增加县域范围内的就诊率；同时，大力推动基层首诊，鼓励病人首先到基层医疗机构就诊；另外，为基层医疗机构分配充足的城市医院预约挂号资源，及时将在城市医院结束就诊的病人转诊到基层医疗机构。在医疗机构方面，应在充分研究不同类型和层级医疗机构拥有的医疗资源的基础上，深入分析它们各自的共享动机和能力。

技术层面只有一个信息技术维度，重点是分析省、市、县三级人口健康信息平台的建设情况以及平台对健康信息共享的支持能力。首先是数据能否切实流动，健康信息共享本质上是相应数据在不同系统之间的流动，尤其是基于系统互操作的电子化、自动化获取；数据权属是指应明确健康数据的所有权和使用权；安全隐私则强调健康数据在共享过程当中应是安全的，尤其是个人隐私应得到严格的保护，避免个人健康信息的非正当使用甚至滥用。

当然，推进健康信息共享还受到经济发展、社会、文化等外部环境的影响；各级地方政府针对当地实际状况选择和使用合理有效的政策工具促进健康信息共享，尤其是要充分考虑分级诊疗、医疗机构、信息技术三个维度之间的匹配程度，确保健康信息共享政策能够顺利实施并取得较好的政策效果。

(二) 案例选取

作为全国第一个全面推进分级诊疗制度的人口大省，四川省在推进分级诊疗制度建设和健康信息共享方面颇具代表性，例如，推动医联体建设，构建统一基层医疗卫生机构管理信息系统。同时，我国具有人口总量大、国土面积大、地形多元化、经济发展不平衡、医疗资源与医疗服务分布不均等特点，而四川省无论是在社会因素、地理环境、经济发展角度还是在医疗资源和医疗服务状况方面都体现出上述特点，是全国整体水平的一个缩影，具有很强的典型性。

从社会因素、地理环境、经济发展等条件看，四川省是西部人口大省，截至 2017 年末常住人口为 8302 万人，常住人口城镇化率为 50.79%（四川省统计局，2017）；幅员较为辽阔，面积为 48.6 万平方公里，辖 21 个市州、183 个区县，既有平原地区、又有丘陵和大面积的山区；各市州、区县的经济发展不平衡，既有全国经济百强县，又有较多国家级贫困县。

从医疗资源和医疗服务状况看，四川省面临着不平衡问题。截至 2017 年底，共有公立医院 699 个、民营医院 1520 个、基层医疗卫生机构 77484 个，但总诊疗人次数的年增长率分别为 6.69%、15.43%、1.99%，基层医疗卫生机构增长偏慢；政府办机构起主导作用，市级及以上机构的病床使用率达到 104.41%，详见表 1。

表1 2017年四川省医疗资源和医疗服务状况

机构类型		机构数量（个）	床位数（万张）	平均床位数（张）	总诊疗人次数年增长率（%）	医师日均担负诊疗（人次）	医师日均担负住院（床日）	病床使用率（%）
按照机构性质划分	医院 公立医院	699	27.97	190.44	6.69	-	-	-
	医院 民营医院	1520	13.22		15.43	-	-	-
	基层医疗卫生机构	77484	13.94	29.28	1.99	-	-	-
按照机构隶属和层级划分	政府办机构 市级及以上机构	-	11.83	-	7.38	7.74	3.31	104.41
	政府办机构 县级机构		15.93	-	8.33	8.25	3.34	97.84
	政府办机构 县级以下机构	-	13.61	-	4.54	12.22	2.54	74.71
	非政府办机构	-	14.98	-	-	-	-	-

资料来源：四川省卫生和计划生育委员会，2018。

（三）资料收集

本研究主要从以下四种渠道收集资料：（1）在中国知网（CNKI）学术期刊数据库中，分别以"分级诊疗""健康信息共享""人口健康信息平台"为主题词检索相关的中文文献，对于检索到的文献进行认真阅读分析，选取其中最为相关、质量较好的作为分析的基础；（2）以"Health Information Exchange"为关键词在Web of Science核心集合中检索相关的英文文献，认真阅读分析相应题目和摘要，对于其中与主题直接相关的文献，根据文献出处下载相应的全文作为分析的基础和参考；（3）系统浏览四川省卫生和计划生育委员会、四川省21个市州的卫计委以及部分区县卫计部门（在省、市州文件中提到的区县）的网站，下载"分级诊疗""健康信息共享""人口健康信息平台"等方面的政策文件、统计报告和新闻报道；（4）到医疗机构进行实际考察。为了保证调研的医疗机构具有代表性，在进行机构的选择时，在机构性质和区域分布上尽可能多元化。共考察了8家医疗机构，包括省级三级医院1家、市级三级医院1家、市级二级医院2家、县级公立医院2家以及基层医疗服务机构2家。这8家医疗机构中，位于省会城市及其所辖区域的有2家，其余6家分布在3个地级市（州）及其所辖区域。

四 案例分析

（一）案例背景

四川省一直重视并促进健康信息共享，严格按照国家部署全力推进人口健康信息平台建设工作。2014年10月，四川省卫生计生委、四川省中医药管理局印发的《关于加快推进人口健康信息化建设的实施意见》提出：到2020年，实现省、市、县三级人口健康信息平台信息互联互通，全面开展区域业务协同和信息共享服务；2017年2月出台的《四川省"十三五"人口健康信息化发展规划》进一步明确：到2020年，省级和市级平台建成率达到100%，县级平台建成率（含虚拟）达到80%。针对健康信息共享，四川省已经提出了明确的时间表和详细的工作内容。

在分级诊疗方面，2014年8月，四川省卫生计生委等6个部门印发《关于建立完善分级诊疗制度的意见》；2016年7月，四川省人民政府办公厅印发《关于巩固完善分级诊疗制度建设的实施意见》；2016年8月，四川省21个市州全部被列入全国分级诊疗试点城市。同时，出台了一系列有关分级诊疗的政策文件，包括《关于开展分级诊疗考核评价工作的通知》《关于做好非贫困民族县、服务薄弱地区（单位）对口支援"传帮带"工作助推分级诊疗制度落实的通知》等。针对分级诊疗，四川省也出台了完善的政策文件，既包括宏观层面的实施意见，也有具体的考核办法和工作要求。

四川省对以上两方面工作的推进是较为扎实的。在健康信息共享方面，全力推动人口健康信息平台建设、构建全域性健康服务模式、打造互联网健康服务产业链；在分级诊疗方面，对城市三级医院、城市二级医院、县级医院以及基层医疗卫生机构等各级各类医疗机构做了明确的定位，对于典型科室、典型人群、典型疾病的分级诊疗制定专门的政策文件进行指导。

（二）分级诊疗维度分析

四川省提出到2020年将县域内就诊率提高到90%左右，并将县域内就诊率作为分级诊疗工作的考核评价标准之一（四川省人民政府办公厅，2016）。有报道指出，2017年初四川省县域内就诊率就达到87.72%（四川日报，2017）。其中，部分县的区域内就诊率已经在90%以上。例如，雅安市石棉县的区域内就诊率连续五年达到90%（石棉县人民医院，2017）；成都市蒲江县的区域内就诊率高达93.06%（搜狐网，2017）。为了提升区域内就诊率，四川省大力推进医联体建设、并不断加强基层医疗卫生机构能力建设。在医联体建设方面，重点以城市为核心，构建以城市三级医院为龙头、以县级公立医院为枢纽、覆盖基层医疗卫生机构的医疗体；同时，发挥省内优质医院的优势建设跨区域的医联体。例如，截至2016年底，成都市一共构建了68个医联体，实现了城市三级医院对县级公立医院和393个基层医疗卫生机构的全覆盖（国务院深化医药卫生体制改革领导小组简报，2017）；四川省人民医院托管了资阳市人民医院、四川大学华西医院领办了资阳市第一人民医院（华西都市报，2017）。在加强基层医疗卫生机构能力建设方面，主要通过推动标准化建设完成，目标是到2020年将标准化达标率提升到95%（四川省人民政府办公厅，2016）；报道指出，2017年初乡镇卫生院、村卫生室、社区卫生服务机构的标准化达标率已经分别达到98.89%、98.76%、93.76%（四川日报，2017）。

全力推进医联体建设、加强基层医疗卫生机构能力建设对于分级诊疗制度建设具有重要的支撑作用，体现在以下四个方面：一是通过组织方式促进优质医疗资源向基层流动，特别是高水平医生能够直接到基层医疗卫生机构坐诊；二是吸引病人到基层医疗卫生机构首诊，在基层医疗卫生机构能力提升之后，诊疗量会得到提升；三是通过优化城市医院的诊疗资源分配、优先保证基层转诊过来的病人就诊，有利于保证病人向城市医院的转诊；四是基层医疗卫生机构能力的提升，能够引导病人由城市医院向基层医疗卫生机构的转诊。但是整体而言，分级诊疗制度建设还面临如下挑战：一是在制度设计层面，尽管出台了分级诊疗工作考核评价标准、给出了具体性的指标，但是针对性的保障措施并没有进行系统性设计，还主要依赖于各地的自行探索和行政压力的传导。在 2 号医院（市级三级医院）的调研中发现，虽然有《四川省分级诊疗工作考核评价标准》等文件对分级诊疗、双向转诊、预约诊疗方面的指标做了具体的说明，但并没有对分级转诊所带来的利益重新分配采取保障性的措施，很多问题还亟待解决，例如，在推进基层首诊的同时，病情检查和检查收入也转向基层医院，这部分利益如何保障还没有做出具体的规定。二是分级诊疗的自行探索在各地呈现发展不平衡态势，部分先行先试的区域由于前期积累保持着领先优势，而在一些地方本身没有过多动力推行分级诊疗制度建设。在 4 号医院（城市二级医院）和 5 号医院（县级公立医院）的调研中发现，受到医疗资源相对分散的制约，该地区的分级诊疗一直处在较低水平。与成都市等医疗资源集中的区域不同，这些相对落后的区域要推进分级诊疗往往需要更大的投入，即使其在分级诊疗上耗费了大量的精力，也很难改变区域长期落后的局面。同时，由于分级诊疗评估所带来的奖惩措施并不十分明确，评估后的改进缺乏动力，往往只停留在纸面上而非采取实际行动。三是由于就医者心理等种种原因，城市医院，尤其是高水平医院依然会接受大量首诊，同时由于病人及其家人更愿意选择到高水平医院就诊，城市实施分级诊疗面临很大压力，例如，在 1 号医院（省级三级医院）调研发现，虽然按照《四川省人民政府办公厅关于巩固完善分级诊疗制度建设的实施意见》，城市三级医院的定位应该是主要提供疑难复杂疾病的诊疗服务，但由于患者依赖大医院，仍有大量普通流感、血常规检查等常见医疗服务需求集中在大医院，造成大医院人满为患。可见，真正建立起有效的分级诊疗制度还有很多工作要做。

（三）医疗机构维度分析

就共享动机而言，医院，尤其是三级医院，并没有很强的意愿共享健康信息。无论是为同等级别医院分享自己拥有的健康信息，还是使用同等级别医院分享的健康信息，医院并没有迫切的需要。在调研中，1号医院（省级三级医院）、2号医院（市级三级医院）都表示即使政策文件中倡导检查结果信息共享，医院本身也更愿意采用自己的检查结果。一方面，由于检查是较贵的收费项目，是各个医院的重要收入来源，仅靠政策要求而没有全面的保障措施，医院不可能主动放弃独立做检查项目；另一方面，从医生角度而言，根据当前的医疗制度，他们还是会选择基于自己医院的检查结果开展医学诊断，以避免不必要的风险。从共享能力上看，尤其是三级医院，由于信息化建设较为成熟、经费比较充足、人员素质高，具备共享健康信息的能力。对于基础医疗卫生机构而言，尽管具有从医院获取健康信息的较强意愿，但是在使用共享得到的健康信息方面存在较大压力，因此同样面临实施健康信息共享不足的局面。找到促进医院和基层医疗卫生机构实施健康信息共享的关键性驱动因素至关重要。

医联体的建设有力地促进了医院和基层医疗卫生机构的管理一体化，调研发现，医联体会促进同一个医联体内的医院和基层医疗卫生机构之间共享健康信息。从医院角度来看，首先信息共享是为了业务的协同，如在基层医疗卫生机构完成医院的预约和挂号等；其次是为了跟踪病人情况，实现"医生跟踪病人走"的全程医疗服务。以8号医疗机构（基层医疗机构）和2号医院（市级三级医院）所在的医联体为例，主要是由该城市内实力最强的7家医院共同开发、部署相应的信息系统来实施医联体内的健康信息共享。打造医联体有助于实现其内部机构之间的健康信息共享，同时也为基层医疗卫生机构带来一定的收益，通过对加入了医联体的 8 号医疗机构（基层医疗卫生机构）进行访谈，我们了解到加入医联体为 8 号医疗机构增加了平均每月近 20 万元的门诊收入。另外，医联体建设本身主要是通过行政要求实现的，当然也有一些大医院为了自身利益构建相应的医联体。但是总体而言，医联体的建设属于政策鼓励的范畴，并不是政策要求，更不是约束性的政策考核指标。因此，推动医联体建设并不能全面而有效解决健康信息共享的困局。

另外，四川省试图通过优化医保报销制度促进病人到基层医疗卫生机构就诊。通过调研了解到，目前规定新农合在乡级医疗机构就诊的保险比例是 90%，在县级医疗机构就诊的报销比例是 82%，在市级和省级医疗机构就诊的报销比例分别为 65% 和 55%。改进医保报销制度，能够在一定程度上引导转诊和分流，但是这并不能直接驱动健康信息共享。即使病人到二级医院或基层医疗卫生机构就诊，这些机构并不会主动使用可以共享得到的健康信息。因此，应通过改进医保报销制度来直接驱动健康信息共享，例如，对于近期已经在其他医院做了相应检查的病人，再做同样的检查应减少报销比例甚至不报销。

（四）信息技术维度分析

在省、市、县三级人口健康信息平台建设方面，四川省已经取得重要进展。首先是完成了省级平台一期项目的建设，连入了 9 家省级医疗机构；在 21 个市州中，有 8 个建成了市级平台；在 183 个区县中，有 54 个建成了县级平台（四川省卫生和计划生育委员会，2017）。"十三五"规划针对三级人口健康信息平台的建成率，提出了约束性的发展指标。为了实现健康信息在不同医疗机构之间的共享，医院和基层医疗卫生机构的系统平台应连入人口健康信息平台，连入的前提是医疗机构已经建设有信息系统。对于医院而言，四川省主要通过"数字化医院"评审的方式促进医院信息化并且连入相应的人口健康信息平台，已有369家医院通过了"数字化医院评审"（四川省卫生和计划生育委员会，2017）；基层医疗卫生机构数量十分庞大而且各个区域的发展水平非常不平衡，为了快速实现其信息化建设并且连入县级人口健康信息平台，四川省推动建立了统一的"基层医疗卫生机构管理信息系统"（冯昌琪等，2013）。

搭建三级人口健康信息平台的目的是实现健康信息在不同医疗机构的信息系统之间有效流动，但是从收集的资料和调研的结果来看，四川省在这方面的进展并不理想。一是在相关的政策文件中，并没有对医院之间电子病历的共享、个人健康档案的调用进行明确规定或者提出相应的发展指标；二是尽管在技术上可以基于人口健康信息平台实现电子病历的共享，但是并没有形成有效的共享模式，医疗机构向人口健康信息平台提供电子病历的制度尚不健全，上传的电子病历的数据质量也难以保证；三是如前面的分析，医院（包括医生）以及病人并没有较强的健康信息共享意愿，难以促成健康信息在机构之间的流动。

2014年国家卫生计生委印发的《人口健康信息管理办法（试行）》明确规定了健康信息的主管部门和责任单位，要求相关部门和单位统筹做好健康信息管理工作（国家卫生计生委，2014）。但是，该办法并没有严格区分健康数据的权属问题。同时，在调研中我们了解到，由于人口健康信息平台、医疗机构信息系统的建设主要外包给信息技术公司完成，使健康数据的权属变得更为复杂、边界更为模糊，也会一定程度上影响健康信息的共享。例如，一些公司在搭建相应平台或系统后，就会将其中的数据作为重要的资产进行运营。数据权属的不清晰，也会影响安全隐私的保障。为了提升医疗信息系统的安全隐私保障水平，早在2011年，当时的卫生部就出台了《卫生行业信息安全等级保护工作的指导意见》（卫生部，2011）；2016年11月颁布的《网络安全法》从法律层面要求包括医疗机构在内的网络运营者应严格按照网络安全等级保护制度的要求，履行网络安全保护责任（中国人大网，2016）。但是这方面的实际进展非常不理想。报告显示，四川省仅有4家医院通过了网络安全三级等级保护的认证,达标率仅为2.79%,与政策和法律要求的100%三级等级保护达标率还有非常大的差距(四川省卫生和计划生育委员会,2017)。推进健康信息共享的技术和应用环境建设还有大量工作要做。

(五) 维度之间匹配分析

从上面三个维度的分析看,四川省在分级诊疗制度建设和健康信息共享两个方面都出台了相应的政策文件,并在很多方面取得了重要的进展,如不断巩固和完善分级诊疗制度、着力推进人口健康信息平台建设等。但是,从综合分级诊疗、医疗机构、信息技术三个维度来看,三者之间还存在诸多不匹配,主要表现为以下几个方面。

第一,正在推进的分级诊疗制度建设并不能有效促进医疗机构实施健康信息共享。目前分级诊疗制度建设的核心是促进病人有序地到城市医院、县级医院和基层医疗卫生机构就诊,在健康信息共享上主要是转诊、挂号等方面的需求;在医联体内部会围绕病人开展健康信息共享,但是主要局限在医联体内部,而不是区域层面、甚至全省和国家层面的健康信息共享。对于如何有效促进医疗机构在更大范围内实施健康信息共享,还需要找到更具针对性的举措。

第二,正在搭建的人口健康信息平台并没有得到医疗机构的积极采纳和实际使用。省、市、县三级人口健康信息平台建设取得了重要进展,但是医疗机构并没有积极的采纳。对于医疗机构而言,如果仅仅是按照正常要求提供健康信息,它们会将其作为一种负担。在这种情形下,一方面医疗机构就很难及时提供健康信息,而且提供健康信息的质量也难以保障;另一方面,对于卫生行政部门而言,也会面临非常艰巨的监督管理任务,难以促使医疗机构提供高质量的健康信息。由于平台上的健康信息质量难以保障,也就难以让医疗机构真正使用相应的健康信息。

第三,正在推进的分级诊疗制度建设并不能促进健康数据在系统之间的顺畅流动。推进分级诊疗制度建设的抓手主要是提升区域内就诊率,一方面,促进优质医疗资源下沉,提升基层医疗卫生机构能力;另一方面,通过实施医保差异化支付制度,引导病人到基层医疗机构就诊。但是,两个方面都主要从人员流动角度发力,而没有关注数据流动问题。也就是说,即使病人到基层医疗机构就诊,医院、医生、病人也没有较强的动力去分享健康信息或者使用其他机构分享的健康信息,并不能促进健康数据在人口健康信息平台和不同医疗机构信息系统之间的顺畅流动。

由此可见,目前正在大力推进的分级诊疗制度建设和健康信息共享之间存在较大的不适应,难以形成合力、真正有效运用信息技术破解医疗资源分布不均衡、就诊主要集中在高水平医院以及医疗支付费用过高等问题。

五 政策启示与建议

从国内外实践来看,推进健康信息共享确实能够降低病人的就诊成本、提升医疗服务的质量、促进医院之间的医疗业务协同。对于我国而言,正在推进的分级诊疗制度建设确实为促进健康信息共享提供了非常难得的应用场景。因此,应统筹推进分级诊疗制度建设与健康信息共享,以医保差异化支付为主要抓手,针对不同区域的实际状况、有针对性地引导实施健康信息共享的模式,并且打造良好的应用环境,强力保障健康信息共享的顺利开展。

(一)统筹推进分级诊疗制度与健康信息共享

统筹推进分级诊疗制度与健康信息共享应综合考虑二者的发展需要,进一步完善顶层设计和制度文件,让二者的推进过程相互配合、推进效果相互支撑。具体可以从以下几个方面着手:首先,进一步完善分级诊疗制度建设的相关政策文件,设置健康信息共享实施状况的考核指标，如电子病历在医疗机构之间的调用率；其次，在推进人口健康信息平台建设过程中，切实考虑分级诊疗的应用需求，如基层医疗卫生机构对城市医院、县级医院所拥有健康信息的实际调用需求，并且通过加强培训让基层医疗卫生机构医务人员具备使用相应健康信息的能力；再次，加强对人口健康信息平台的数据共享调用跟踪，动态分析平台数据的使用状况；最后，在数字化医院评审中加大对健康信息共享的考核要求和相应指标的权重。

（二）完善医保差异化支付促使健康信息共享

促使医疗机构真正实施健康信息共享最终还是要通过医保差异化支付改革来实现。尽管公立医院和政府办基层医疗卫生服务机构在医疗服务体系中占主导作用，但是这些机构本身依然具有很强的经济目的性，在分级诊疗体系中也有不同的利益诉求（卢慧等，2018），医疗机构本身的健康信息共享意愿并不强，需要构建相应的外部激励机制。在构建外部激励机制过程中，应特别注意以下三个问题：一是外部机制构建的着眼点应是通过健康信息共享降低医疗成本，促进病人有序地到相应的医疗机构就诊，即在目前差异化支付改革的基础上进一步深化，引导病人到县级医院和基层医疗卫生机构就诊，并进一步推进医疗机构在就诊中使用共享的健康信息；二是由针对每次诊断的医保支付转向针对病人康复的医保支付，综合病人的病情及其就诊情况确定医保支付标准，而不是针对每次就医行为确定医保支付标准，这一转变是非常大的，需要考虑的因素和条件非常多，应展开系统性的研究；三是要注意差异化支付之间的差距，如果之间的差距没有拉开，并不能有效促使病人到基层机构就诊（朱慧青、何克春，2018），同样也很难促使病人主动要求使用能够分享得到的健康信息。

（三）依据区域状况针对性引导健康信息共享

由于不同区域的医疗资源禀赋、经济社会发展状况、地理条件不尽相同，在推进健康信息共享过程中，应依据区域状况开展针对性的引导。一是针对医疗资源极为丰富的省会城市而言，应重点推进高水平医院之间的电子病历共享和基层医疗机构与高水平医院的健康信息共享，尤其是要把引导病人到基层医疗卫生机构就诊作为核心目标，当前开展基层首诊最不理想的区域应是省会城市，而省会城市的基层医疗卫生机构又投入最多的资源，非常需要打破这一不合理局面；二是针对经济发展较好的市州，应着力打造区域内完备医疗服务体系，尤其要打造一个综合实力非常强的医院，由其主导建立区域内分级诊疗和健康信息共享的秩序；三是对于经济欠发达、地理位置比较偏僻的市州，应着力提升远程医疗服务发展水平，不仅要将区域内的优质医疗资源下沉到基层，更为重要的是将其他区域，特别是省会城市的优质资源辐射到偏远地区的基层，如打造精准健康扶贫模式（姜洁等，2017）。

（四）打造良好的应用环境保障健康信息共享

针对应用环境存在的健康信息难以互认、数据质量低、网络安全保障措施不健全、个人健康隐私保护不足等问题，应通过加强制度建设和平台建设逐步打造良好的应用环境。在制度建设方面，首先，应在健康信息共享标准建设的基础上进一步明确健康信息共享的认定标准以及相应的配套政策和法律，如界定和规范电子化检查结果在不同医疗机构之间的互认；其次，制定健康数据质量标准，标准的建设不能覆盖过多的数据字段，否则在推行中会存在很大压力；最后，制定网络安全保护和个人健康隐私保护的具体实施办法，尽快按照《网络安全法》的要求补齐这方面的短板。在平台建设方面，应在满足健康信息共享需要的前提下，尽可能地降低使用和操作人口健康信息平台的复杂程度，确保相关人员在使用过程中能够较为容易地完成相应的操作，从应用层面促进健康信息共享。

六 结论

在大数据正在重塑公共服务体系的大背景下，本文选择健康医疗大数据发展和应用的基础性工作——健康信息共享作为研究对象，并且以分级诊疗制度建设为导向，以构建的社会－技术框架为指导，较为深入地分析了分级诊疗制度建设背景下四川省健康信息共享的实际状况，提出了目前存在的不足，并对未来发展提出了相应的政策建议。本研究不仅对四川省推进健康信息共享具有参考价值，而且对其他省市也有借鉴意义。当然，本研究也存在一定不足，主要是在资料的获取上，尤其是数据资料，主要是以第二手材料为主，相应的研究发现和建议与实际状况可能会存在一定的偏差。在后续研究中，将收集第一手数据资料，开展实证性研究。

参考文献

陈玲、张凌、张向阳、刘延，2013，《电子健康信息交换中知情同意权问题之探讨》，《中国医学伦理学》第 2 期。

冯东雷，2014，《全国区域卫生信息化发展过程与趋势》，《中国信息界（e 医疗）》第 3 期。

冯昌琪、甘华平、陈文，2013，《四川省基层医疗卫生机构管理信息系统建设项目实施经验》，《中国卫生信息管理杂志》第 2 期。

高玉平、李冰华、黄刊迪、殷俊华，2013，《区域医疗信息共享中健康档案安全与隐私保护的领域分析》，《中国数字医学》第 11 期。

高玉玲，2014，《论医疗信息化中的患者隐私权保护——以电子病历运用为视角》，《法学论坛》第 2 期。

国务院深化医药卫生体制改革领导小组简报，2017，《四川省成都市以医联体为抓手积极推进分级诊疗制度建设》，http：//www.moh.gov.cn/tigs/ygjb/20170

3/0c50d5e21a6744cdaff70e30377c96d2.shtml。

国家卫生计生委，2014，《人口健康信息管理办法（试行）》，http：∥www.nhfpc.gov.cn/guihuaxxs/s10741/201405/783ec8adebc6422bbebdf79db3868d0b.shtml。

和征，2011，《基于健康档案的区域卫生信息共享平台的研究》，《计算机技术与发展》第10期。

华西都市报，2017，《川首例合作式分级诊疗样本 资阳两医院由华西、省医院管理》，http：∥scnews.newssc.org/system/20170103/000737645.html。

姜洁、付玉联、曾利辉，2017，《西部地区精准健康扶贫模式探析——基于四川大学华西医院的案例分析》，《西南民族大学学报》（人文社会科学版）第6期。

卢慧、魏来、余昌胤、刘岚、黄辉华，2018，《分级诊疗相关利益主体的损益分析》，《卫生经济研究》第2期。

孟群、屈晓辉，2011，《基于业务协同的综合卫生管理信息平台建设思路》，《中国数字医学》第5期。

孟群、王才有、汤学军、全宇、黄勇、苏明亮、何伟起、陈中彦、李彦龙、沈丽宁，2013，《电子病历标准符合性测试方法学研究》，《中国卫生信息管理杂志》第2期。

石棉县人民医院，2017，《石棉县人民医院概况》，石棉县人民医院网站，http：∥www.smxrmyy.com/Article/lists/category/yyjj。

四川日报，2017，《我省分级诊疗呈现四大变化》，http：∥www.sc.gov.cn/10462/10464/10797/2017/1/26/10412714.shtml。

四川省人民政府办公厅，2016，《关于巩固完善分级诊疗制度建设的实施意见》，http：∥zcwj.sc.gov.cn/xxgk/NewT.aspx？i＝20160712132840－891550－00－000

四川省统计局，2017，《2017年四川省国民经济和社会发展统计公报》，http：∥www.sc.stats.gov.cn/sjfb/tjgb/201802/t20180228_254426.html。

四川省卫生和计划生育委员会，2017，《四川省"十三五"人口健康信息化发展规划》，http：∥www.scwst.gov.cn/wj/zcwjjjd/zcwj/201702/t20170227_13313.html。

四川省卫生和计划生育委员会，2018，《2017年四川省卫生和计划生育事业发展统计公报》，http：∥www.scwst.gov.cn/xx/tjxx/tjnj/201803/t20180306_

15137. html。

四川省卫生计生委、四川省中医药管理局,2014,《关于加快推进人口健康信息化建设的实施意见》,http://www.scwst.gov.cn/xx/gsgg/201410/P020160926523897071023.pdf。

搜狐网,2017,《"市三医院—蒲江医联体"两"化"化解基层群众看病难题(上)》,http://www.sohu.com/a/159953841_570575。

卫生部,2011,《卫生行业信息安全等级保护工作的指导意见》http://www.nhfpc.gov.cn/guihuaxxs/s10741/201112/6be75dbd57b34a61baaf41610162a54b.shtml。

徐宗本、冯芷艳、郭迅华、曾大军、陈国青,2014,《大数据驱动的管理与决策前沿课题》,《管理世界》第11期。

伊恩·艾瑞斯,2014,《大数据:思维与决策》,北京:人民邮电出版社。

中国人大网,2016,《中华人民共和国网络安全法》,http://www.npc.gov.cn/npc/xinwen/2016-11/07/content_2001605.htm。

朱慧青、何克春,2018,《从卫生资源与卫生服务利用流向看分级诊疗实施效果——以某市为例》,《现代医院》第2期。

宗文红、周洲、张涛、刘月星,2014,《区域人口健康信息平台建设模式研究》,《中国卫生信息管理杂志》第11期。

Abraham, C., Nishihara, E. & Akiyama, M. 2011. Transforming Healthcare with Information Technology in Japan: A Review of Policy, People, and Progress. *International Journal of Medical Informatics*, 80 (3): 157-170.

Adler-Milstein, J., Bates, D. W. & Jha, A. K. 2013. Operational Health Information Exchanges Show Substantial Growth, But Long-Term Funding Remains a Concern. *Health Affairs*, 32 (8): 1486-1492.

Banfield, M. 2013. Unlocking Information for Coordination of Care in Australia: A Qualitative Study of Information Continuity in four Primary Health Care Models. *BMC Family Practice*, 14 (34): 1-11.

Barbarito, F., Pinciroli, F., Mason, J., Marceglia, S., Mazzola, L., & Bonacina, S. 2012. Implementing Standards for the Interoperability among Healthcare Providers in the Public Regionalized Healthcare Information System of the Lombardy Region. *Journal of Biomedical Informatics*, 45 (4): 736 – 745.

Bolton, R., Foxon, T. J. 2015. Infrastructure Transformation as a Socio-Technical Process—Implications for the Governance of Energy Distribution Networks in the UK. *Technological Forecasting & Social Change*, 90 (1): 538 – 550.

Byrne, C. M., Mercincavage, L. M., Bouhaddou, O., Bennett, J. R., Pan, E. C., & Botts, N. E. 2014. The Department of Veterans Affairs' (VA) Implementation of the Virtual Lifetime Electronic Record (VLER): Findings and Lessons Learned from Health Information Exchange at 12 Sites. *International Journal of Medical Informatics*, 83 (8): 537 – 547.

Chen, H., Chiang, R. H. L. & Storey, V. C. 2012. Business Intelligence and Analytics: From Big Data to Big Impact. *MIS Quarterly*, 36 (4): 1165 – 1188.

Coiera E. 2009. Building a National Health IT System from the Middle Out. *Journal of the American Medical Informatics Association*, 16 (3): 271 – 273.

Department of Health of Australia. 2013. *Review of the Personally Controlled Electronic Health Record*. http://health.gov.au/internet/main/publishing.nsf/Content/17BF043A41D470A9CA257E13000C9322/ $ File/FINAL-Review-of-PCEHR-December-2013.pdf.

Dixon, B. E., Vreeman, D. J. & Grannis, S. J. 2014. The Long Road to Semantic Interoperability in Support of Public Health: Experiences from Two states. *Journal of Biomedical Informatics*, 49 (6): 3 – 8.

Garmann-Johnsen, N. F. 2015. What seems to be the Problem? —A Study of Connections between National Contexts and Regional E-Health Strategies. *Health Policy and Technology*, 4 (2): 144 – 155.

Goodhue, D. L., Thompson, R. L. 1995. Task Technology Fit and Individual Performance. *MIS Quarterly*, 19 (2): 213 – 236.

Greenhalgh, T., Morris, L., Wyatt, J. C., Thomas, G., & Gunning, K. 2013. Introducing a Nationally Shared Electronic Patient Record: Case Study Comparison of Scotland, England, Wales and Northern Ireland. *International Journal of Medical Informatics*, 82 (5): e125 – 138.

Harrison, M., Koppel, R. & Bar-Lev, S. 2007. Unintended Consequences of Information Technologies in Health Care—An Interactive Sociotechnical Analysis. *Journal of the American Medical Informatics Association*, 12 (5): 542 – 549.

Hu, J., Zhang, L., Gu, L., Meng, Q., Hou, Y., & Hu, J. 2014. Health Information Interoperability and Standard System—Practice of China. *Health Policy and Technology*, 3 (4): 248 – 252.

Kierkegaard, P. 2015. Interoperability after Deployment Persistent Challenges and Regional Strategies in Denmark. *International Journal for Quality in Health Care*, 27 (2): 147 – 153.

Kim, H., Shin D-H, & Lee, D. 2015. A Socio-Technical Analysis of Software Policy in Korea: Towards a Central Role for Building ICT Ecosystems. *Telecommunications Policy*, 39 (11): 944 – 956.

Klöcker, P. N., Bernnat, R. & Veit, D. J. 2015. Stakeholder Behavior in National eHealth Implementation Programs. *Health Policy and Technology*, 4 (2): 112 – 120.

Messer, L. C., Parnell, H., Huffaker, R., Wooldredge, R., & Wilkin, A. 2012. The Development of a Health Information Exchange to Enhance Care and Improve Patient Outcomes among HIV + Individuals in Rural North Carolina. *International Journal of Medical Informatics*, 81 (10): e46 – e55.

Morrison, Z., Robertson, A., Cresswell, K., Crowe, S. & Sheikh A. 2011. Understanding Contrasting Approaches to Nationwide Implementations of Electronic Health Record Systems: England, the USA and Australia. *Journal of Healthcare Engineering*, 2 (1): 25 – 42.

ONC. 2015. *Connecting Health and Care for the Nation: A Shared Nationwide Interoperability Roadmap*. https://www.healthit.gov/sites/default/files/hie-interoperability/nationwide-interoperability-roadmap-final-version-1.0.pdf.

Rudin, R. S., Motala, A., Goldzweig, C. L., & Shekelle, P. G. 2014. Usage and Effect of Health Information Exchange: A Systematic Review. *Annals of Internal Medicine*, 161 (11): 803 – 811.

Sicotte C., Paré G. 2010. Success in Health Information Exchange Projects: Solving the

Implementation puzzle. *Social Science & Medicine*, 70 (8): 1159 – 1165.

Torre-Díez, I dl, González, S. & López-Coronado, M. 2013. EHR Systems in the Spanish Public Health National System: The Lack of Interoperability between Primary and Specialty Care. *Journal of Medical Systems*, 37 (1): 9914.

Trist, E. 1981. The Socio-Technical Perspective: The Evolution of Socio-Technical Systems as a Conceptual Framework and as an Action Research Program. in van de Ven A., Joyce W. (eds.), *Perspectives in Organization Design and Behavior*, London.

Vest, J. R. 2010. More than just a Question of Technology: Factors related to Hospitals' Adoption and Implementation of Health Information Exchange. *International Journal of Medical Informatics*, 79 (12): 797 – 806.

Vest, J. R., Jr, T. R. C., Kern, L. M., & Kaushal, R. 2014. Public and Private Sector Roles in Health Information Technology Policy: Insights from the Implementation and Operation of Exchange Efforts in the United States. *Health Policy & Technology*, 3 (2): 149 – 156.

Yang, P., Pan, F., Liu, D., Xu, Y., Wan, Y., & Tu, H. 2011. The Development of Clinical Document Standards for Semantic Interoperability in China. *Healthcare Informatics Research*, 17 (4): 205 – 213.

Yusof, M. M. 2015. A Case Study Evaluation of a Critical Care Information System Adoption Using Socio-Technical and Fit Approach. *International Journal of Medical Informatics*, 84 (7): 486 – 499.

Yusof M. M. & Kuljis J. 2008. An Evaluation Framework for Health Information Systems: Human, Organization and Technology-fit Factors (HOT-fit). *International Journal of Medical Informatics*, 77 (6): 386 – 398.

Research on Health Information Sharing Policy for Graded Diagnosis and Treatment: A case of Sichuan Province

Zhang Huiping   Yang Guofu   Guo Ning

Abstract: Around the year 2010, promoting health information sharing nationwide has become an important measure of healthcare reform in many countries. Unlike developed countries, which have mature classification and treatment systems, China is promoting the hierarchical diagnosis and treatment system as well as health information sharing simultaneously. How to realize mutual development of these two is a worthwhile subject for researchers. This paper takes Sichuan Province as an example, guided by a hierarchical diagnosis and treatment system, adopts a classic social-technical framework in the field of information policy, and combines the theory of big data value chain to deeply analyze the formulation and implementation of Sichuan's health information policy. Through study, this paper found many deficiencies in the three dimensions, namely grading diagnosis and treatment, medical institutions, and information technology. Suggestions are brought forth as follows: promote the development of hierarchical diagnosis and treatment system and health information sharing simultaneously; use differentiated payment for medical insurance as the main starting point; guide the implementation of health information sharing in accordance with actual conditions in different regions, and build a good application environment to ensure smooth development of health information sharing.

Keywords: Graded Diagnosis and Treatment; Health Information Sharing; Population Health Information Platform; Socio-Technical Framework; Sichuan Province

找回国家：互联网治理的现实挑战及制度选择[*]

孙 宇 张 绰[**]

【摘要】 在全球互联网治理体系变革进入关键时期的背景下，深入研究互联网治理对于构建网络空间命运共同体、对于努力把我国建设成为网络强国意义深远。本文回溯了互联网治理问题的提出，界定了互联网治理问题的边界，认为互联网治理是一个旨在探寻一种稳定制度框架的世界级治理难题。在剖析互联网治理面临的五大现实挑战和三种制度诉求的基础上，本文认为互联网治理必须找回国家，建构可持续发展的治理生态。

【关键词】 互联网治理；开放知识共同体；建构制度主义；国家主权；网络强国

互联网的广泛普及为人类开辟了一个"未知大于已知"的发展空间。我们既享有互联网带来的机遇，也承受着前所未有的挑战，这已经成为一个不争的事实。互联网治理由此成为一个"争议远多于共识"

---

[*] 本文为国家社科基金项目"网络综合治理体系的战略建构及运行机制研究"（18BGL203）的前期研究成果。

[**] 孙宇，北京师范大学政府管理学院教授、博士生导师，研究方向为互联网治理、电子政务、公共行政思想史；张绰，北京师范大学政府管理学院研究生，研究方向为互联网治理。

的全球性议题。由于技术上的隐蔽性和制度上的复杂性,有关互联网治理的讨论既停留在表象上又陷入无休止的争论之中。正如德娜蒂斯指出的,"互联网治理争议的集中点不仅在技术和经济问题上,而且也体现在社会价值观表达方面"(DeNardis,2014:4)。有关互联网治理的争论充分体现了技术演化与制度选择之间的密切互动。当前,全球互联网治理体系变革进入关键时期,厘清互联网治理的边界,认清互联网治理的挑战,剖析互联网治理的制度备选方案,对于构建网络空间命运共同体、对于努力把我国建设成为网络强国意义深远。

一 互联网治理是一个世界级治理难题

(一)互联网治理问题的提出

互联网起步于美国国防部高级研究计划局组建的计算机网(Advanced Research Projects Agency Network,ARPANET)。20世纪70年代,ARPANET开始向非军用部门开放。90年代初期,美国国家科学基金会(National Science Foundation,NSF)承担了协调和资助非军事互联网基础设施管理的职责。到了90年代末期,克林顿政府实施推动互联网私营化的公共政策,导致在互联网发展的早期阶段,《网络空间独立宣言》(A Declaration of the Independent of Cyberspace)甚嚣尘上,其核心主张是"互联网与生俱来是跨国家的、与生俱来是反主权的,并且你的国家主权不适用于我们。我们必须搞清楚这些事情"(Barlow,1996)。但是,实践中美国商务部于1998年与非营利组织ICANN(Internet Corporation for Assigned Name and Numbers)签署的三项协议①,授

---

① 这是国会授权与第三方签订协议的机制。这三项协议分别是《合作域名系统项目谅解备忘录》(Memorandum of Understanding for a Joint Domain Name System Project);《合作研究与发展协议》(Cooperative Research and Development Agreement);《执行与域名系统协调相关的特定技术职能的唯一合同依据》(Sole Source Contract to Perform Certain Technical Functions Relating to the Coordination of the Domain Name System)。

权其管理域名系统（Domain Name System，DNS）的同时保留了对 ICANN 的特别控制与监督权。

伴随着互联网在政治、经济、社会、文化乃至军事各领域中的重要性日渐凸显，美国在域名和数字地址资源方面所处的"一超独大"地位，导致与其他国家之间在占有互联网关键基础资源上日渐紧张并产生了司法冲突。2003 年在联合国日内瓦召开的信息社会世界峰会上，ICANN 成为焦点，参会各国呼吁将 ICANN 的管辖权移交给联合国相关机构，遂敦促时任联合国秘书长安南发起成立互联网治理工作组（Working Group on Internet Governance，WGIG），责成 WGIG 准备一份报告提交 2005 年 11 月第二阶段信息社会世界峰会突尼斯会议审议。突尼斯峰会明确了互联网治理的定义，提出了需关注的焦点问题，成立了由联合国秘书长召集的多利益攸关方参与的互联网治理论坛（Internet Governance Forum，IGF）。不可否认的是，信息社会世界峰会让互联网治理进入了主流话语渠道，互联网治理从此成为政治议题。不过批评者认为，"峰会虽然对于'以美国为中心'以及从'单一国家的控制中解放出来'提供了一个对话平台，但这仅是纸上谈兵，并没有通过有约束力的条约或公约"（Mueller, 2010: 125）。

（二）互联网治理问题的边界

互联网治理是由"域名之争"引发的，但是"互联网"的泛在性（ubiquitous）以及"治理"涉及不同角色的重新定位和权力再分配，导致关于互联网治理问题的边界众说纷纭、莫衷一是，"从它进入我们日常字典的那一刻开始，就是一个严肃争辩的概念"（Drake, 2004: 122 - 161）。

本科勒提出了互联网治理的三个层级，即物理基础设施层（信息通过其流动）、编码或逻辑层（控制物理基础设施）以及内容层（通过基础设施传输的信息）。他认为，互联网治理的政策目标是开发和维护公共资源（commons），为信息的生产和交换提供尽可能的必要条件

(Benkler, 2000)。这是一个狭义的界定，将互联网治理理解为一系列与互联网信息交换相关的政策和技术协调问题。

按照 WGIG 给出的工作定义，互联网治理是"政府、私营部门和公民社会基于各自角色开发和遵循的形塑互联网演化和应用的共享原则、规范、规则和决策程序以及规划"（WGIG，2005）。这是一个宽泛的定义，它不仅涵盖了技术发展，而且涵盖了互联网应用，正如曾为 WGIG 成员的库巴利加所言，互联网治理必须"超越互联网基础设施，阐述其他的立法、经济、发展和社会文化问题"（Kurbalija, 2016: 5 – 6）。

持广义主张界定互联网治理问题是当前的主流。美国雪城大学、乔治亚理工学院和德国柏林社会科学研究中心共同建立的互联网治理项目在 2004 年 9 月联合发表的《互联网治理项目白皮书》（Internet Governance Project White Paper）中指出，互联网治理可以定义为："由政府或者通过互联网连接在一起的私营部门的集体行动，以期建立应用于全球网际互联活动的标准、政策、规则、强制和争议解决的程序的协定。"该项目参与人之一穆勒对这一表述进行了详细阐述，认为互联网治理就是"由所有者、运营商、开发商以及由互联网协议所连接起来的网络用户所作出的集体决策，以此来建立引导人们参与互联网运行活动的政策、规则以及关于技术标准、资源分配以及争议调解程序"（Mueller et al., 2007）。他们所设想的互联网治理须利用自治能力，辅之以多利益攸关方机制，让政府、国际组织、商业组织、技术社群、市民社会组织以及用户等各方的利益诉求和治理安排得到充分表达，真正为各方行动者参与互联网治理赋予合法性和外部约束，既避免陷入集体行动的困境，又避免出现"搭便车"问题。对互联网治理的研究绝不能仅仅局限在"少数正式的、有限的或者对治理不产生任何影响的国际组织，而不分析那些事实上塑造和管制互联网应用和演化的许多活动，比如互联网服务提供商的互联互通、信息安全应急响应或内容过滤"（Mueller et al., 2007）。

德娜蒂斯罗列了互联网治理需要关注的问题，这些问题包括：网络传播环境下的政治表达、价值观冲突、公司社会责任、网络技术构架互操作的需求、网络认证和信任体系、关键互联网资源的分配以及分配给谁最有效率、互联网在实现经济社会发展目标方面的作用、各国政府如何治理互联网、主权国家与非政府组织在治理中合作和互补的关系、互联网协议标准、创新和公民参与之间的关系、互联网在多大程度上创造了一种全新的治理模式以及其应用前景如何等（DeNardis，2010：555－575）。

归纳起来，关于互联网治理问题边界的理解存在狭义和广义之分。狭义上看，互联网治理是有关网络架构、标准和协议等的问题，主要讨论一些特定的组织是如何治理互联网技术基础设施和架构的。这些组织包括：互联网工程任务组（Internet Engineering Task Force）、ICANN、互联网架构委员会（Internet Architecture Board）、万维网联盟（World Wide Web Consortium）、互联网协会（Internet Society）以及区域性互联网注册机构（Regional Internet Registries）等。广义上看，互联网治理不仅要研究狭义的互联网基础设施或架构演化问题，如域名等互联网关键资源的配置，而且要关注互联网应用问题，如知识产权冲突、网络空间安全、内容管制、数字鸿沟等问题（孙宇，2017）。后者达成了更广泛的共识，即从广义上界定互联网治理问题的边界。

（三）互联网治理旨在探寻一种稳定的制度框架

本质上看，互联网治理是新型的确定全球管制体制边界的政治磋商领域，旨在谋求多利益攸关方与政府合作，实现决策过程以及结果的合法化。这种现象出现的原因，一方面是各国政府试图按照自身的喜好针对互联网进行引导和控制变得越来越难，另一方面是互联网为那些具有卓越才智的技术才俊、心怀不满的群体和各类违法者利用政府控制来实现自身的政治、社会和商业目的提供了无限可能。互联网治理不仅是复杂的制度安排问题，更是世界级治理难题。

之所以是世界级难题,是因为这是一个宽泛的、复杂的领域,是国际关系、政治科学、法学、经济学、社会学、传播学、心理学、计算机科学、通信工程学以及行为科学等诸多学术领域普遍关注的前沿问题。正如《牛津互联网研究手册》(The Oxford Handbook of Internet Studies)中所指出的,互联网治理是利用多学科——从社会科学和人文科学到计算机科学和工程学——聚焦于互联网、网页以及相关的媒体、信息通信技术的大规模传播和多元化应用的理论和实践。

之所以是世界级难题,更因为它关乎价值观冲突、政治表达、多元文化等核心议题,并且是涉及主权国家、非政府组织、商业机构、技术社群、市民社会以及普通网民的多方博弈。"不管是否关注域名体系的审查、互联网关键资源的分配或者向垃圾邮件宣战,公众一直将目光聚焦于权威诉求的合法性。在为了达成恰当协调形式的斗争中,互联网已经成为一个实验场域,充分展示了跨国民主与主权之间的冲突"(Hofmann,2007)。从这个意义上看,互联网治理既不同于互联网管理,也不同于互联网监管。互联网治理可以被理解为"搜寻过程",这一过程的遥远尽头是一种被各种社会主体(多利益攸关方)接受的稳定管制框架,并且这一框架能够充分适用于那些不断变化的、多利益攸关方希望介入的跨国问题。对于国际治理领域的各种社会主体而言,在面对那些单边甚至双边无法解决的元问题(meta-problems)时,完全可以实现相互依存,唯有通过这些社会主体的集体智识和行动才能关切公共政策议程。正如安东妮娃所言,实验性的搜寻过程能够促进开放的、包容的多利益攸关方协作并增强智识资本的积累、改善认知共同体(epistemic community)的关系,其主要结果就是互联网治理的能力建设(capacity-building)、基础设施的发展以及全球共同意识的觉醒,并带来有形产出和无形产出。其中有形产出包括:共识性文件(宣言、声明、政策和相关建议)、勾画管制领域的边界以及新型的合作形式授权;无形产出包括:多利益攸关方情景学习能力以及参与国际互联网治理的公共政策争论的意识(Antonova,2011)。

二 互联网治理面临的五大严峻挑战

（一）如何配置稀缺的关键互联网资源？

互联网要得以正常运转，根服务器（Root Server）、域名和地址分配（Assigned Name and Numbers）是关键。根服务器用于管理互联网主目录，1 台主根服务器和 12 台辅根服务器均由 ICANN 统一管理，主根服务器和 9 台辅根服务器均放置在美国，其余 3 台辅根服务器分别放置在英国、瑞典和日本。TCP/IP（Transmission Control Protocol/Internet Protocol）建立了地址空间，域名系统建立了域名空间。域名是单纯的字符串，地址和域名是一对多的关系，在域名服务商那里一个域名在同一时刻只能解析出一个 IP 地址供用户使用。虽然 IPv 4 只定义了有限的地址空间，但是地址耗尽的困局已经被 IPv 6 缓解。如果域名的字符串长度不存在上限，那么作为一个逻辑建构的域名空间就是无限的，如此多的域名被耗尽是难以想象的。由于语义属性的差异，不同域名的价值是完全不同的。在域名分类中，不仅有顶级域名（Top-level Name，TLD），而且有二级域名（Second-level Domain，SLD），甚至还有三级域名。顶级域名主要包括 639 种通用顶级域名（generic Top-level Domain，gLTD）和 248 个国家顶级域名（country code Top-level Domain，ccLTD），也包括一些由特殊社群或产业所资助的专属域名以及预留给特殊群体或部门的域名，如 .com、.net、.org、.gov、.edu、.mil、.int、.info、.pro、.name 等，其中 .gov 仅限于美国政府机构，.pro 仅限于特许的职业人士，.name 仅限于个别人士。国家顶级域名主要根据国际标准化组织指定的国家缩写建构，如 .au、.cn、.uk 等。显然，根服务系统和域名空间是具备网络外部性的稀缺资源。

根区服务和域名服务是私人产品，既具备竞争性，又具备排他性。如果由威瑞信公司运行顶级域名 .com 域名服务器，那么就没人能够运行同样的域名服务器。TLD 运营商将根区服务和域名服务出售给 TLD 注册商,如果某个 TLD 注册商拒绝付费,那么 TLD 运营商就可以从根区中取消这个 TLD 注册商,将注册服务指派给其他付费注册商。尽管如此,这并不意味着根区服务和域名服务可以摆脱基于社会成本的政府管制。

2016 年 9 月美国商务部不再与 ICANN 续签合约,美国政府在形式上正式放弃了对 ICANN 的集中、单边控制。究竟建构何种运行机制来配置稀缺的关键互联网资源以保障全球互联网社群的利益,是互联网治理面临的现实挑战。

(二) 如何平衡知识产权保护的复杂冲突?

互联网空间的知识产权问题包括著作权、商标和专利以及知识产权保护与互联网免费接入知识之间的平衡,与此相关的决策规定了互联网上的信息流动、技术创新和利益补偿。互联网空间的知识产权是技术构架实施的,如版权过滤或者数字权利管理(digital rights management)技术,这导致知识产权保护重返互联网技术构架的治理。在技术标准化过程中,版权和专利是一个非常复杂的问题,并且与创新政策、反垄断、经济竞争以及互联网的开放性密切相关。同时,知识产权问题——特别是商标权问题,又与域名争端相关,尽管 ICANN 制定了统一域名调解纠纷政策(Uniform Domain Name Dispute Resolution Policy)作为互联网域名与商标权保护的机制,但是域名与商标权之间的纠纷从未停息过。此外,知识产权保护,不仅涉及文化产品的生产和消费,还涉及自由表达。在互联网治理的语境下,知识产权主要关注"正当使用"(fair use)、公平的知识接入权力——特别是改善发展中国家的知识接入和数字教育,以及线上与线下知识产权保护的平衡等系列复杂问题。

世界知识产权组织(World Intellectual Property Organization, WIPO)始终活跃在互联网治理论坛的舞台上。WIPO 是联合国的附属机构,需要在联合国成员国政府间的缔约和协商程序下运转,导致在进行互联网治理的过程中存在着严重的制度冲突和摩擦。尽管 WIPO 阐述了一系列政策主张,但是从未建立起相应的权威。甚至在一些时候,互联网治理论坛还有意回避一些与知识产权保护相关的争议性话题。同时,针对去产权(特别是知识产权)约束、依托基于共同体的对等生产方式的呼声不绝于耳(Benkler,2006:18-19)。事实上,如果抹除了产权边界和去除知识产权约束,片面强调共享和免费接入,也就失去了激励机制,而没有激励机制的行为是不可持续的。所以,知识产权是政府、私营部门、研发机构和市民社会冲突和合作的核心要素,只有明晰产权关系,才能厘清多利益攸关方的治理责任。毫无疑问,在未来的互联网治理安排中,知识产权必将成为互联网治理的优先议题,知识产权保护的"强""弱"之间的平衡也将会影响互联网创新生态以及数字内容的增长。

(三)如何建构内容审查过滤的合法性?

各国政府一直在执行对互联网内容的审查过滤,特别是在未成年人保护方面积累了大量可借鉴的经验。由于各国的文化传统、价值观念、意识形态大不相同,加之互联网的泛在性,互联网内容审查过滤是难以处理的,并且不同国家之间审查过滤的范围和重点面临着巨大的不确定性。内容审查过滤通常采取双层级的治理模式,互联网内容提供商和接入服务商对内容审查过滤有不可推卸的责任,当这些私人行动者无力解决责任归属问题时,政府就出面干预;或者在市场权力过大、基本人权受到侵害时,政府也出面干预。但是,内容审查过滤的合法性问题始终没有解决。

巴姆鲍尔认为,确保审查过滤合法性的关键在于制度重点向过程标准的转移。一个合法化的审查过滤过程需符合开放性(openness)、透明度(transparency)、有界性(narrowness)以及问责性(accountability)四个标准。这一过程与协商民主是平行的,是为了捍卫国家的主流价值,而不是为了澄清审查过滤制度的好坏。也就是说,"巴姆鲍尔标准"旨在敦促各方接受过滤审查制度,鼓励互联网内容审查过滤的合法化。只要允许公民参与,保证公开进行审查过滤,保持内容的透明度,高效精确地瞄准审查过滤目标,并且满足公民诉求,那么国家的审查过滤就可以被公平、恰当地执行,内容审查过滤的合法性也就得到了保障。当然,这个过程不应过度"迎合公民"(Bambauer, 2009)。

"巴姆鲍尔标准"引起了激烈争议。穆勒认为,这一标准有可能导致声东击西的危险,"当且仅当国家尊重自主、言论自由等个人权利时,它们才会使互联网审查制度公开、透明、精准,并得到恰当的限制。事实上,进行系统性政治或文化审查的国家恰恰是由于不承认个人权利,不希望公民的某些偏好或观点起作用,才会推行审查制度。让这些国家通过将审查制度变得更透明或者使某些被压制的公民更具有影响力,从而促进它们的审查制度更加方便问责,这无异于要求这些国家改变其基本价值观。后者有多难,前者就有多难"(Mueller, 2010: 208)。穆勒将争论引向言论自由,认为应该采取中立原则,信息内容审查过滤的范围应该越窄越好,唯一的例外是,当内容侵犯了他人权利时才给政府干预留下了空间。

(四) 如何维护网络空间主权和国家安全?

安全问题既宽泛,又复杂,既包括关键基础设施保护,也包括用户认证、系统安全、内容安全、平台安全、管理安全等。如果安全出问题,那么所有其他互联网治理的问题也就消失了。当前治理安全问题的主要障碍是网络安全行为的管辖权难以全面行使。以每个人都深受其扰的垃圾邮件为例,在互联网上发送大规模垃圾邮件是零成本的,因为缺乏恰当的个人激励避免其过度使用、滥用有价值的资源,导致了邮件服务器处理能力被挪用和挤占。并且,即使在某个国家采用立法方式限制垃圾邮件的发送,如果垃圾邮件发送者采用"离岸方式"回避司法管辖权,那么结果仍会导致"比贱竞争"(race to bottom),传统的立法和行政行为对反垃圾邮件几乎无能为力。

所有链接到互联网上的个人或组织、公共和私营机构都涉及安全问题。比如，用于在线收集和存储信息的间谍软件（spyware）可轻松地搜集和匹配详细的个人隐私和商业秘密乃至国家安全信息，由于这类植入在软件程序中的病毒、恶意代码具有自我执行、自我复制和自我传播的能力，因此会对社会秩序、公共安全和国家安全造成严重危害和无法挽回的损失。

无论是网络犯罪、政治颠覆还是恐怖主义活动，互联网既是攻击的目标，也是攻击的武器（Dunn，2009）。在安全治理上，主权国家政府、私营部门、个人用户以及技术社群在处理安全问题上都有不可推卸的责任和不可替代的作用。当然，国家主权成为互联网空间的新型主权形式，安全问题一定程度上助长了网络霸权主义，加剧了网络行为国家管辖权的不确定性。解决安全问题，需要在尊重网络空间属性客观规律的基础之上遏制网络霸权主义，确定网络安全行为的管辖权。

（五）如何走出互联网地缘政治困境？

全球互联网治理体系变革进入关键期，网络空间成为地缘政治争夺的新高地。互联互通、共享共治、构建网络空间命运共同体面临三大地缘政治困境。一是国家与国家之间、地区与地区之间互联网的接入和使用差距正在转变为发展差距；二是全球互联网企业空间集聚特征显著，独角兽公司等非国家行为体话语权日渐增强；三是以美国为代表的西方国家力图确立互联网霸权，这些为互联网治理秩序的建构增添了新的不稳定变量。

以互联网交换点的全球分布为例，在世界范围内，具有10个以上互联网交换点的国家只有澳大利亚、巴西、法国、德国、俄罗斯、英国和美国。截至2012年底，102个国家和地区没有互联网交换点，而且这些国家和地区绝大多数集中在第三世界。以非洲大陆为例，这里共有54个联合国成员国，其中33个国家没有互联网交换点，17个国家只有一个互联网交换点。互联网交换点的全球分布不平衡，不仅反映了数字鸿沟的现状，而且也反映了地缘政治的困境。

2015年CB insight发布的一份报告统计了全球102家估值超过十亿美元的创业公司及其分布地，约2/3的独角兽（即市值或估值在10亿美元以上的移动互联网软件公司）栖息在美国。以独角兽企业为代表的非国家行为体在引导互联网资源分配、公共政策制定、技术标准确立等领域的影响力和话语权日渐增强，非国家行为体成为各主权国家面临的最大威胁之一。

2011年美国白宫发布《网络空间国际战略》，明确了确立美国在互联网空间主导地位的目标。斯诺登所披露的事实便是美国追逐网络霸权的行动。互联网时代，地缘政治的含义发生了急剧转变，从陆权到海权，再到制空权，现在是制网权。西方国家打着"网络自由"的旗号，却执行双重标准的实质就是网络霸权主义。当无关自身权益的时候，就高调抛出"网络自由"；当关乎自身权益的时候，就宣誓主权神圣不可侵犯。西方倡导的"网络自由"绝不是为了促进各国网络自由平等发展，而是为推行本国互联网战略提供合法性。

三 互联网治理的不同制度诉求

面对上述现实挑战，互联网治理究竟寻求一种什么样的稳定制度框架，成为国际组织、主权国家、非国家行为体、网络社群争论的焦点。当前有代表性的观点主要有三种，一是走向"开放知识"的共同体将个人权利作为互联网治理的基础，二是建构制度主义的诉求强调互联网治理生态，三是找回国家的全球治理秩序，秉持主权国家共商共建共享的全球治理观。

（一）走向"开放知识"的共同体

开放知识运动始于20世纪90年代末，进入21世纪以来，国际社会先后出现了"布达佩斯开放接入议程"（Budapest Open Access Initiative）和《自然科学和人文科学开放接入知识柏林宣言》（Berlin Declaration on Open Access to Knowledge in the Sciences and Humanities）。2004年10月，世界知识产权组织召开会议，来自巴西和阿根廷的代表呼吁建立"世界知识财富组织"（World Intellectual Wealth Organization），加速知识向发展中国家的转移，确保全球所有国家创新体系建设的内生性和活力。这些成果继承了《世界人权宣言》（Universal Declaration of Human Rights）第27款关于"每个人生来就具有参与社群文化生活以及享有欣赏艺术和共享科学进步和收益的权利""每个人生来有权保护他所创造的任何科学、文学艺术作品的精神和物质利益"，但是更强调开放知识的权利最终将比这些权利更为重要。

开放知识运动所主张的互联网治理更强调将个人权利作为治理基础，打破传统的知识产权约束，以此驱动互联网治理的政策走向和制度选择。比如，国际知识生态组织（Knowledge Ecology International，KEI）主张版权法和其他管制措施必须以可接受的方式鼓励知识开放；国际消费者联盟（Consumers International，CI）主张，知识开放必须提供一种保护伞机制，创造更加公平的人类文化和学习产品的公开接入，其最终目标是创造一个所有人都能接入的教育和文化产品的世界，消费者和创造者一样都可以参与到充满活力的创新和创意生态之中。值得注意的是，全球参与开放知识运动的学者绝大多数来自宪法理论界。耶鲁大学法学教授巴尔金在第二届开放知识大会上的演讲指出，开放知识要求我们重构电信法、知识产权法以及政府供给与采购政策，重构以互联网推广知识与信息、民主文化成就的政策目标。印第安纳大学法学教授谢弗认为，"在真实感受上，权利延迟就是权利否决。口服液疗法和第二代疫苗技术的开放利用延迟了20多年，导致了300万儿童的死亡。对于不怎么管用的生命和死亡技术而言，20年延迟给生命权带来了巨大的限制。对于文化作品而言情形更糟，权利保护甚至比一个人的生命周期更长"（Shaver，2010）。

开放知识确实是一种貌似理想的治理安排。开放知识运动须满足两个条件：一是作品的作者和权利持有者在世界范围内授予所有使用者免费、不可撤销的开放利用的权利，以及批准公开复制、使用、传输和展示这些作品的许可和在任何负责的场合以数字媒介形式制作和发布其衍生作品，包括个人使用需要出版少量印刷版的权利；二是该作品的完整版和所有补充文献——包括版权许可，以适当的标准电子格式，使用恰当的技术标准必须至少在一个以上的在线数据库中存储，这些数据库可以由某家学术机构、协会、政府机构或者其他已经建立的组织提供支持和维护，以使开放知识能够不受约束的传播、互操作和长期归档。

互联网协议（Internet Protocol）与知识产权（Intellectual Property）原本分属于数字世界和物理世界，但这两个世界并非泾渭分明，它们之间存在着千丝万缕的联系。所以互联网全球化之后，"两种 IP"持续碰撞。互联网协议具有颠覆现有国际知识产权制度安排的潜力。治理的难题在于，如果我们的财产能够以零成本、以我们不知情甚至没有脱离我们占有的方式在全球范围内进行无限复制和快速传播，那么我们如何才能保护它？WGIG 主张应将知识产权保护归列为"与互联网治理相关的公共政策议题"之一，并与贸易问题一起被看成是"现有组织机构应对此负责"的问题。博伊尔提出需事中监管，应"在交易结构中注入技术和经济的监管办法，而不是在交易事实已经发生后再进行监管；兼顾"两种 IP"的平衡，不能让著作权法和版权法在互联网上毫无效力（Boyle, 1997）。显然 WGIG 的方案具有偏袒性，顾及了 WIPO 之类的现有全球体制，但它并未澄清互联网知识产权问题在多大程度上侵蚀了现有知识产权保护的责任边界，而是将知识产权与贸易等问题搅和在一起，这就使得知识产权作为互联网治理的政策议题变得扑朔迷离。

穆勒既认为将知识产权纳入互联网治理议程已经超越了传统著作权、商标权等问题，又担心将知识产权纳入互联网治理议程会影响互联网的开放性，因此主张区别对待。就著作权而言，"互联网是一个巨大的、全球分布的以及永续复制的机器。它使数字化内容以几乎为零的增量成本被完美复制，而且它是历史上最有效的信息定位和检索机制。只要你想复制，不管这些信息有多遥远或多么不引人注意，都可以很轻易地与无数人共享。因此著作权问题的制度解决方案就越来越需要管制互联网服务提供商与用户"（Mueller，2010：131）。就商标权而言，"名称、品牌、链接、分类法、注册表以及索引，这些当今无比重要的事物都在互联网中发挥某种作用。对于那些现有法律可能保护或不保护的名称，如国家名、地址名以及个人的姓名，也是如此"。对于前者而言，其边界不能威胁互联网的开放性，对于后者而言，不是以某些抽象的法律或经济理论强化知识产权保护，而是衡量这些保护所产生的经济影响给互联网带来多大的冲击。

（二）建构制度主义的诉求

全球的互联网治理实际上是一种治理生态，"对于任何复杂的技术社会体系，特别是对许许多多的人都可以触及的互联网而言，控制采取了制度的方式，而不是命令的方式"（Mueller，2002：11）。软件编码构成了互联网的技术构架、标准和协议，这就远远超出了"编码"的意义而成为一种"语言"。我们知道，语言是由规则和行为规范共同决定的。"如果编码是类似于法典的管制行为的法律，或者如果软件是一种不同于法律或物理架构的管制形态，那么与软件和硬件相适配的基础协议就代表一种看不见的、嵌入的法律构架形式，能约束行为、制定公共政策、约束或扩展在线自由。在这一意义上，协议就是政治代理人，不是空泛的代理人而是源自协议设计和执行的代理人。互联网的每个角落都依赖协议。它们是控制点，在某些案例中，在调节秩序与自由之间的紧张关系上，它们有时候是集中化的控制，有时候是分布式的控制"（DeNardis，2009：11）。

建构制度主义诉求认为，讨论互联网治理需要预设一定的约束条件，因为互联网治理的现状是由多利益攸关方共同决定的，其行为者并不主要是政府。"任何新型治理方式都没有既定的发展进程。那些认为国家将自动从这一进程中退出的人犯了明显的错误，而认为事情将不可避免地重回国家掌控下或互联网再度成为有边界的和严格受控的那些人也错了。没有什么是必然的，我们的未来将由我们亲手创造"（穆勒，2015：306）。这就需要在一个开放环境下评估互联网治理决策所体现的价值以及这些决策所产生的经济、法律和政治外部性。

互联网治理的建构制度主义诉求包括：一是技术构架配置即权力分配，互联网协议和互联网资源管理不仅是建立技术规格或管理资源，而且要覆盖互联网技术构架所关注的所有问题；二是在传统的权力主导机构——无论是国家、宗教组织还是跨国公司对信息流动的控制权减弱的情况下，互联网基础设施即内容控制代理商客观上赋予了参与互联网治理的信息中介机构（包括辅助在线资金流转和交易的互联网金融机构、互联网数据中心、搜索引擎、互联网域名管理机构和解析机构、互联网直联点和交换中心以及路由和寻址设施运营机构等）内容控制权；三是加强政府与私营机构之间的合作，增强"私人制序"（private ordering）、技术设计和新制度形式来执行国家主权边界内儿童保护、隐私保护、知识产权保护、鼓励创新、反欺诈和滥用、反垄断以及危害国家安全和公共秩序等治理安排；四是鼓励和引导私营公司和非政府主体参与制定互联网治理政策，国家信息政策和互联网管制立法应借鉴私营企业和非政府主体在互联网治理实践中积累的经验和教训（DeNardis，2009：14）。

互联网治理的建构制度主义诉求还包含平衡价值观的全球性竞争和冲突以及互联网全球化所带来的集体行动，"互联网构架和治理结构并不是固定不变的，而是在不断协商下变化的。某些最棘手的互联网治理问题涉及竞争性全球价值的冲突、言论自由与法律强制的冲突、知识获取与知识产权保护的冲突、媒体自由与国家安全的冲突、个人隐私与基于数据搜集的在线商业模式的冲突、寻求绝对控制信息的威权政体与开放自由的民主价值之间的冲突"（DeNardis，2009：16）。这些反映在国家安全、公共秩序等方面的冲突在很大程度上与互联网运行的稳定、安全以及信息的开放有序流动是平行的，且与地缘政治经济冲突和全球性的重大挑战——气候变化和环境保护、打击恐怖主义、根治传染病等相叠加，这就需要多利益攸关方从人类命运共同体的高度将互联网治理秩序导入可问责、名誉、和谐和均衡的轨道。

（三）找回国家的全球治理秩序

找回国家的全球治理秩序是现代国际政治的通则。因为治理的内在动力起源于国内政治，对政府而言可以降低管制成本，对于企业而言可以降低适应管制标准的成本，最终使治理权力的强弱与国家市场规模的大小呈现正相关关系。相反，公共收益的大小直接决定了管制争议的分歧，如果公共收益小，管制分歧就大；如果公共收益大，管制分歧就小。互联网普及激发的财富效应以及所产生的公共利益正在为"找回国家"打开大门。如果将互联网看成是势不可挡的超越人类组织限制因素的主宰力量，那么只会陷入一种技术乌托邦。

美国政府之所以将域名和地址管理委托给 ICANN，并非认为这是私有化和国际化的多利益攸关方自下而上的治理，实际上是为了避开他国政府和国际组织管制的一种安排，维持美国最终的单边控制，ICANN 只是美国政府的挡箭牌。尽管许多国家认为由美国制定全球的互联网基本政策是非常不公正的，但是争论的结果并不影响美国的实际控制权。戈德斯密斯和吴预言，争夺互联网域名和数字地址最终控制权的斗争不可能在政府与私营社群之间出现，它将不可避免地在主权国家之间发生，损害政府利益的问题不可能不像那些由来已久的类似于海洋、空气和太空等全球资源的争夺（Goldsmith & Wu, 2006: 171）。历史不断地证明，政府的实质性胁迫（physical coercion）——以传统的法律体系为标志将比任何人的预期都更加重要，尽管这看起来可能是粗略的、丑陋的，甚至是令人压抑的。那些低估和误解国家在互联网治理中作用的学者应归咎于他们历史观的缺失。如果从可问责的角度看，寄希望于 ICANN 能够超越国家发挥互联网治理的主导作用，会使

ICANN 陷入"多重问责失范"(multiple accountabilities disorder)的困境。一个组织在每一种方面都试图负责就是问题所在。"试图满足各种相抵触预期的组织可能就是功能错乱的,尽管试图讨好每个人,但是得罪了所有的人"(Koppell,2005)。因为可问责不是虚掩或托词,而是要遵循主权国家的法律和具有法律效力的国家间协定。

互联网治理论坛可以被视为找回国家的全球治理秩序的重大尝试。自 2006 年希腊雅典举办首届互联网治理论坛以来,至今已经举办了 11 届。虽然参加论坛的人数越来越多、议题也越来越细,但是并没有形成具有约束力的论坛成果。参与人数越来越多除了说明其影响力和开放性外,也说明其门槛过低;议程越来越分散,说明参与成员所受到的约束力较小,承担的责任也较轻。穆勒曾经嘲讽道,"仅仅把政府、工商企业和公民社会的代表塞进同一个房间,让他们进行没有约束力的对话,这不可能给全球互联网治理提供任何有价值的帮助"(Mueller,2010:125)。的确,互联网治理论坛非常符合政策倡议联盟形成、发展和衰竭的动态过程,但来去自由,加入容易、退出容易,根本无法形成政策议程的正反馈过程。但是这种情况在 2010 年立陶宛维尔纽斯的第五届论坛上开始出现转变。自此以后,互联网治理论坛上出现了大量的区域性或某个国家主导的议题,这充分证明了区域性议题或国家议程更为重要,工商界和技术社群开始重返"找回国家"的轨道。

四 结语

针对互联网治理诉求的利益表达和制度选择无不指向权力、秩序、责任、安全和未来。互联网治理不是权力和表达的休止符,而是一个永续的、情境不断变化的动态演化博弈过程。对于用户来说,虽然互联网治理的技术架构是隐藏的和看不见的,但是,互联网应用和内容却是可见的,隐藏在应用和内容之下是技术承载的制度、政治、文化的张力。

要平衡相互冲突的价值观,必须"找回国家",秉承共商共建共享的全球治理观，将那些从公民个人自由到主权国家利益等的政策光谱都深嵌在互联网治理之中。互联网是一个无限包容、求同存异的利益共同体，更是现代国家治理体系所需高度关注的对象，也是国家治理体系的重要组成部分和有效的治理手段。因此，建立互联网治理的权威需要向主权国家回归，治理秩序需要在透明的基础上，维持国家安全、公共秩序与个人权利之间的平衡，这样才能回应当前的现实挑战，才能拥有一个可持续的未来。

参考文献

米尔顿·L. 穆勒，2015，《网络与国家：互联网治理的全球政治学》，周程等译，上海：上海交通大学出版社。

彼得·埃文斯、迪特里希·鲁施迈耶、西达·斯考克波，2009，《找回国家》，方力维、莫宜端、黄琪轩等译，北京：生活·读书·新知三联书店。

孙宇，2017，《互联网治理的模型、话语及其争论》，《中国行政管理》第 5 期。

Antonova, S. 2011. "Capacity-Building" in Global Internet Governance: The Long-term Outcomes of "Multistakeholderism". *Regulation & Governance*, 5 (4): 425 – 445.

Bambauer, D. 2009. Cybersieves. *Duke Law Journal*, 59 (3): 377 – 466.

Barlow, J. 1996. *A Declaration of the Independent of Cyberspace*, https://www.weforum.org/agenda/2018/02/a-declaration-of-the-independence-of-cyberspace.

Benkler, Y. 2000. From Consumers to Users: Shifting the Deeper Structures of Regulation Towards Sustainable Commons and User Access. *The Federal Communication Law Journal*, 52 (3): 561 – 579.

Benkler, Y. 2006. *The Wealth of Networks: How Social Production Transforms Markets and Freedom*. New Haven, CT: Yale University Press.

Boyle, J. 1997. A Politics of Intellectual Property: Environmentalism for the Net? *Duke Law Journal*, 47 (1): 87 – 116.

DeNardis, L. 2009. *Protocol Politics: The Globalization of Internet Governance*. Cambridge, MA. and London, England: The MIT Press.

DeNardis, L. 2010. The Emerging Field of Internet Governance, in Dutton, William H. *The Oxford Handbook of Internet Studies*. Oxford and New York: Oxford University Press: 555 – 575.

DeNardis, L. 2014. *The Global War for Internet Governance*. New Haven and London: Yale University Press.

Drake, W. 2004. Reframing Internet Governance Discourse: Fifteen Baseline Propositions, in Don MacLean (Eds.). *Internet Governance: A Grand Collaboration* (*ICT Task Force Series* 5). NY: United Nations: 122 – 161.

Dunn, C. M., 2009. National Security and the Internet: Distributed Security through Distributed Responsibility, *International Studies Review*, 11: 205 – 230.

Goldsmith, J., Wu, T. 2006, *Who Controls the Internet: Illusions of A Borderless World*, Oxford and New York: Oxford University Press.

Hofmann, J. 2007. *Internet Governance: A Regulative Idea in Flux*, http://regulation.upf.edu/ecpr-05-papers/jhofmann.pdf.

Koppell, J. GS. 2005. Pathologies of Accountability: ICANN and the Challenge of Multiple Accountability Disorder. *Public Administration Review*, 65 (1): 94 – 108.

Kurbalija, J. 2016. *An Introduction to Internet Governance*. Diplo Foundation.

Mueller, M. L. 2002. *Ruling the Root: Internet Governance and the Taming of Cyberspace*. Cambridge, MA: MIT Press.

Mueller, M., Mathiason, J. & Klein, H. 2007. The Internet and Global Governance: Principles and Norms for a New Regime, *Global Governance*, 13 (2): 237 – 254.

Mueller, M. 2010. *Networks and States: The Global Politics of Internet Governance*. Cambridge, MA: MIT Press.

Shaver, L. 2010. The Right to Science and Culture. *Wisconsin Law Review*, 1: 121 – 184.

WGIG, 2005, Report of the Working Group on Internet Governance, http://www.wgig.org/docs/WGIGREPORT.pdf.

Bringing the State Back In: Realistic Challenges and Practicable Governance System in Cyberspace

Sun Yu Zhang Chuo

Abstract: Based on reviewing the origin of Internet governance and defining its boundaries, this paper put forward that Internet governance is one of the world's toughest governance issues, which aims to search the stable institutional structure, and then mainly analyses five realistic challenges and three alternatives for Internet governance. This paper points out that "bringing the state back in" provides important guidance to the building of a fair and equitable global Internet governance ecology in the present situation.

Keywords: Internet Governance; Open Knowledge Community; Constructivist Institutionalism; State Sovereignty; Cyber Power

城市政务服务中心多维多层质量测量模型研究*

明承瀚　张梓妍　徐晓林**

【摘要】 质量测量是城市政务服务中心高质量发展的重要基础，准确识别并测量政务服务中心各维度质量，能为确定政务服务中心关键质量特性和质量目标、开展质量管理、促进质量持续改进提供有价值的参考信息。基于已有文献及实地观察，本文从社会公众感知视角构建城市政务服务中心多维多层质量测量模型，在武汉市民之家开展实证研究，对模型进行检验。社会公众感知的政务服务中心质量包含信息质量、系统质量、现场服务质量、结果质量4个主维度，17个子维度。在政务服务改革实践中，应根据质量测量结果对相关资源配置方案进行调整，以显著提升整体服务质量。

【关键词】 政务服务中心；质量测量；多维多层

---

* 国家自然科学基金重点项目"非传统安全问题风险识别与防范机制——以智慧城市治理中的信息共享与使用为例"（项目批准号：71734002）。

** 明承瀚（1988~ ），湖北孝感人，博士，研究方向为电子政务、智慧城市；张梓妍（1994~ ），女，湖北罗田人，硕士研究生，研究方向为电子政务、智慧城市；徐晓林（1956~ ），湖北罗田人，教授，博士研究生导师，研究方向为行政学基础理论、电子政务、智慧城市、非传统安全。

一 引言

近年来，政务服务中心在"放管服"改革进程中发挥了重要作用，也面临着重大的挑战。我国各地一般按照"三集中、三到位"的总体要求，清理当地各政府职能部门的权责清单，相关科室按照统一要求入驻政务服务中心，通过窗口服务的方式向社会公众提供各项政务服务。2016年3月，政府工作报告明确要求"大力推行'互联网+政务服务'"。2017年1月，《"互联网+政务服务"技术体系建设指南》（国办函〔2016〕108号）从国家层面提出具体的技术指导与规范，推动政策的落实。2018年3月，政府工作报告再次强调"深入推进'互联网+政务服务'"。这些都对政务服务中心的提档升级提出了迫切要求。优化政务服务是简政放权、"放管服"改革的核心内容，是提升国家治理能力现代化、实现高质量发展的重要举措。

同时，公众对公共服务需求越来越大、质量要求越来越高（赵曼丽，2012），他们在政务服务中心的体验，不仅来自政务服务中心现场服务的质量，更源自各个环节、各个相关组织与部门之间的质量传递和累积，任一环节或部门的质量波动，都可能影响最终公众感知到的服务质量。质量管理在政务服务中心建设与发展中的作用日益显著，甚至成为其进一步发展的主要瓶颈之一。

质量测量是传统质量管理活动的重要组成部分，也是政务服务中心质量管理的必然要求。简而言之，政务服务中心质量指社会公众期望得到的服务与实际所得服务之间的差距，而质量测量就是对此主观差距进行评估。要实现政务服务中心质量的持续提升，就必须对政务服务中心各维度质量进行准确测量，从而对总体感知质量的复杂形成过程进行分解，了解当前质量状况，为确定政务服务中心关键质量特性和质量目标、开展质量管理、促进质量持续改进提供有价值的参考信息，对薄弱环节采取措施，实现协同进化。

本文拟在文献研究的基础上，结合城市政务服务中心运行逻辑，从社会公众感知的视角构建政务服务中心多维多层质量测量模型，为后续研究奠定基础，为政务服务改革相关工作提供参考。

二 模型构建的理论基础

对于政务服务质量的测量与评估，学界已经做出卓有成效的探索和研究，形成了大量可供参考的研究成果。

学者们从信息技术采纳和应用的角度入手，通过对 SERVQUAL 服务质量模型、D&M 信息系统成功模型、卡诺模型、供应链管理等理论与工具的探讨和应用，建立相应的概念模型。王金福等人在文献分析的基础上，从基础设施、电子服务提供和自我评估 3 个维度提出电子政务服务质量评估框架模型（Wang and Hang，2009）。张辉在对已有研究进行分析后指出，电子政务服务质量研究应着眼于公众、网站、政府机构三个视角，建立统一维度划分和具有广泛适应性的电子政务服务质量评估模型（张辉，2010a），并由此选取 13 个维度构建基于服务过程的电子政务服务质量评估模型（张辉，2010b）。孙良文基于对 D&M 信息系统成功模型的研究，认为就电子政务而言，无形的服务质量受有形的信息质量和系统质量的影响，进而影响使用和用户满意度，由此提出改进的电子政务成功模型（孙良文，2011）。陆敬筠和朱晓峰引入卡诺模型（Kano Model），对电子政务服务质量要素进行研究，指出可以通过卡诺问卷设计和数据分析判别出必备质量、期望质量和魅力质量三种要素类型（陆敬筠、朱晓峰，2012）。刘红丽和杨兰蓉引入企业供应链管理理论，认为供应链与电子政务在目标、动力、结构和管理方式上基本一致，由此提出基于信息化建设、政务协同程度、网站质量和公众直接满意度 4 个维度的电子政务服务质量评估框架模型（刘红丽、杨兰蓉，2012）。总体而言，这些模型具有明显的跨学科特征，较好地将其他研究领域中的质量评估思想引入电子政务领域，使质量评估更具科学性、可操作性，显示出综合研究的优势。但是，这些模型构建视角差异较大，难以在统一的框架下进行比较和对话。同时，这类文献在构建概念模型后，缺乏后续研究和实证检验，普适性不强，仅可作为相关研究的参考思路，难以引发持续性研究。因此，有必要从方法论的角度开展研究，探索具有广泛适用性的评估方法和框架，进而根据实际情况进行调整，开展质量测量和评估实践。

还有部分学者通过实证研究对相关概念模型进行检验，为后续研究奠定了良好基础。例如，有学者以泰国政府门户网站为例，通过实证研究证明系统、服务和信息三个维度的质量能够正向影响公众持续使用电子政务服务的意向（Wangpipatwong et al., 2009）；同时，在英国的研究表明，信息质量、系统质量都对政府信任、用户满意度有显著影响（Weerakkody et al., 2016）；在塞尔维亚的实证研究发现，电子政务系统中，信息质量、系统质量、服务质量都对使用意向有显著正向影响（Stefanovic et al., 2016）。这类文献能为政务服务中心质量的维度划分提供实证参考，也能为研究各相关变量间的关系及作用机理提供借鉴。近几年以来，随着新媒体平台的日益成熟以及社交 APP 的发展，政务微博、政务 APP、政务微信等一系列具有中国特色的新型政务服务方式开始被越来越多的政府部门采纳，并进入公众视野、发挥作用，关于其运行质量及效果的探讨和研究也随之受到关注（陈岚，2015；包明林等，2015；李宗富，2017；张晓娟等，2017），为政务服务质量测量与评估研究注入了新鲜血液，为实践的完善和研究的深入提供了参考。

政务服务中心质量的测量具有一定的复杂性。在当前的政务服务模式下，政务服务中心作为服务集成平台，其服务方式和渠道（尤其是移动终端应用）不断拓展，发挥着融合线上系统与线下环境的重要作用，是政府面向社会公众的最直接的窗口和名片。政务服务中心质量主要形成于政务服务中心建设、运行、改进的过程中，按照一定的逻辑进行传递和累积，社会公众在事项办理过程中从信息系统、现场服务、工作环境等不同维度感知政务服务中心的服务质量。因此，除去传统的软硬件技术性评价指标，对政务服务中心质量的评估更多的来自用户群体主观感受的综合体现，而不是单一的概念，很难对其进行精确的测量。

多维多层方法在质量测量领域呈现出显著优势。众多学者认为，服务评价是高度复杂的过程，其质量评价需要在多个抽象水平上综合进行（Carman，1990；Dabholkar et al.，1996；Brady and Jr. Cronin，2001；张龙，2009），有必要引入多维多层方法来进行测量。在多维多层质量测量模型中，最高层为用户感知的总体质量，即最终的评价目标；第二层为主维度，每个主维度又可分为若干个子维度，用户在该层次各维度对具体的服务进行质量感知，并进行评价，而后上升抽象出对应主维度的评价，最后形成整体感知质量。通过多维多层模型的建构，可以更为清晰地认识服务质量的本质和内涵，并更加准确地对其进行测量（张龙等，2009）。近年来，已有不少学者将多维多层方法应用在移动服务（Lu et al.，2009）、旅游服务（Caro and García，2008；Andam et al.，2015）、电子学习服务（Balog，2011）、图书馆服务（Cook et al.，2001；Zhao and Chen，2013）、机场服务（张君等，2015）等领域的质量测量与评估中，对其合理性、适用性进行探索和研究，证明了多维多层方法较为广泛的应用价值和前景。

多维多层方法是政务服务中心质量管理的必然要求。在政务服务质量测量的相关文献中，主要还是基于传统的测量方法，缺乏对多维多层方法的关注与尝试，关于政务服务质量的研究期待着探索与创新。同时，政务服务中心质量管理也对更精细化、系统化的质量测量工具提出了要求。只有精细化测量、反映质量形成过程中各维度质量，才能准确了解现状，科学制定目标，促进整体质量的持续提升。因此，本文采用多维多层方法，从社会公众感知的视角，构建政务服务中心质量测量模型。

三 基于社会公众感知的政务服务中心质量测量模型

在政务服务中心实现"一号申请、一窗受理、一网通办"的情况下，对于社会公众而言，政务服务中心后台审批及流转的程序是透明的，他们所参与的环节，主要包括信息查询、网上申办、现场办结等。就一般政务服务流程而言，公民在获取政务服务前，需要先了解与其所办事宜相关的信息，而后通过线上或线下的方式提交自己的相关信息或材料，通过电子政务系统的自动流转或人工受理后，由入驻政务服务中心的政府职能部门工作人员提供相关的服务，办结相应的事务。在这个过程中形成的服务质量特性，体现的正是类似于D&M信息系统成功模型中信息、系统、服务三个维度的质量特性。公民对获取信息的期望与获取信息的实际感受形成了感知的信息质量，对系统操作及功能的期望与实际体验形成了感知的系统质量，而对最终现场服务的期望与实际感受则形成了感知的服务质量。因此，借鉴D&M信息系统成功模型的划分方法，可以较为全面地反映社会公众在前述各环节中的感知质量。然而，这三个维度还不足以反映社会公众在申请、接受服务前后的整个过程中所感知的质量。在多维多层质量测量中，不少学者都关注结果质量这一维度，并对其适用性进行了检验（Brady and Jr. Cronin，2001；Balog，2011；张君、胡荣、王悦，2015）。与此相对应，事项办结后，社会公众在政务服务中心结果交付、服务评估与反馈等环节中所感知的质量，体现的正是已有文献中所论述的结果质量。因此，本文将结果质量也作为一个主要维度，认为结果质量与信息质量、系统质量、现场服务质量共同组成社会公众在政务服务中心的整体感受与实际体验，即社会公众感知的总体质量。基于社会公众感知的政务服务中心质量主维度如图1所示。

对总体质量及各主维度质量的测量，我们以相关文献为基础，参考其量表并进行情景化修正，得到初始测量题项，具体如表1所示。

```
              总体质量
               (CQ)
    ┌─────────┬──┴──┬─────────┐
 信息质量   系统质量  现场服务质量  结果质量
 (CINFQ)  (CSYSQ)  (CSERQ)   (COUTQ)
```

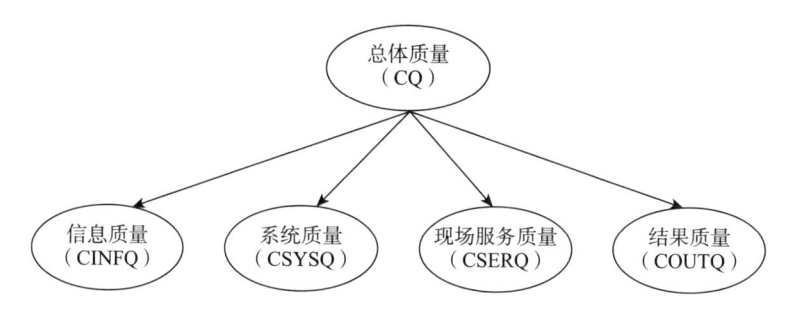

图1 基于社会公众感知的政务服务中心质量主维度

说明：社会公众相关变量缩写前均带 C，下同。

表1 基于社会公众感知的总体质量及其主维度测量题项

潜变量	测量题项	来源
总体质量 （CQ）	CQ1. 政务服务中心的服务通常都很好	（Yi and Gong, 2008）
	CQ2. 总体而言，我认为政务服务中心的服务很好	
信息质量 （CINFQ）	CINFQ1. 政务服务中心提供了我需要的精确信息	（Wang and Liao, 2008；Kang and Lee, 2010）
	CINFQ2. 政务服务中心提供了足够的信息	
	CINFQ3. 政务服务中心提供了及时更新的信息	
	CINFQ4. 通常，政务服务中心都提供了高质量的信息	
系统质量 （CSYSQ）	CSYSQ1. 政务服务中心设备和系统的用户界面很友好	（Wang and Liao, 2008；Kang and Lee, 2010）
	CSYSQ2. 政务服务中心设备和系统很好用	
	CSYSQ3. 总体而言，政务服务中心信息化系统的质量很高	
现场服务质量 （CSERQ）	CSERQ1. 工作人员能热心帮助我解决问题	（Wang and Liao, 2008）
	CSERQ2. 在政务服务中心办事，我感觉安全踏实	
	CSERQ3. 工作人员很关心我的情况	
结果质量 （COUTQ）	COUTQ1. 工作人员有足够知识，提供了有效的服务	（Choi and Kim, 2013）
	COUTQ2. 政务服务中心的自助设备很好，提供了优质服务	
	COUTQ3. 政务服务中心网上办事很方便，提供了便捷的服务	
	COUTQ4. 工作人员选了最佳方案，我的事情正在顺利办理	

（一）信息质量

在构建初始的 D&M 信息系统成功模型时，Delone 和 Mclean 指出，关于信息质量，学者们关注的是信息系统所产生信息的准确性、有意义性和及时性，认为信息质量是对系统产出的信息的测量和评估（Delone and Mclean，1992）。模型提出后，学者们主要从准确性（Accuracy）、及时性（Timeliness）、完整性（Completeness）、关联性（Relevance）和一致性（Consistency）等方面对信息质量进行测量；而在扩展的模型中，Delone 和 Mclean 认为在互联网环境中，信息质量注重的是电子商务的内容，网页内容应该人性化、完整、有关联、容易理解且安全（Delone and Mclean，2003）。

在应用更新后的 D&M 信息系统成功模型开展研究时，学者们对各维度质量的子维度进行了探索，认为信息质量主要包含准确性、及时性、关联性、可理解性（Understandability）、完整性五个维度，即信息是正确和可靠的，是当前和及时的，是符合当前任务需求的，是清晰和容易理解的，对当前任务而言具有足够广度和深度（Wangpipatwong，Chutimaskul，Papasratorn and Weerakkody，2009），这几个维度得到了较为广泛的认可和应用（Petter and Mclean，2009；Lee and Chung，2009；Iivari，2005），其适用性已经得到了验证。

在本研究中，信息质量不仅是指社会公众所获取的具体信息的优劣，还是贯穿在整个政务服务过程中并着重体现在各阶段（尤其是事项办理前期）信息查询过程中的体验，是动态形成的一种感知和评价。虽与单纯的信息评价有差异，但政务服务中心信息质量同样包含着准确性、及时性、关联性、可理解性和完整性五个子维度，对其测量与评估也应从这些维度展开，具体如图 2 所示。

对信息质量各子维度的测量，同样采取文献提取的方式，通过对相关文献中已有量表进行情景化修正，得到本文初始量表，具体如表 2 所示。

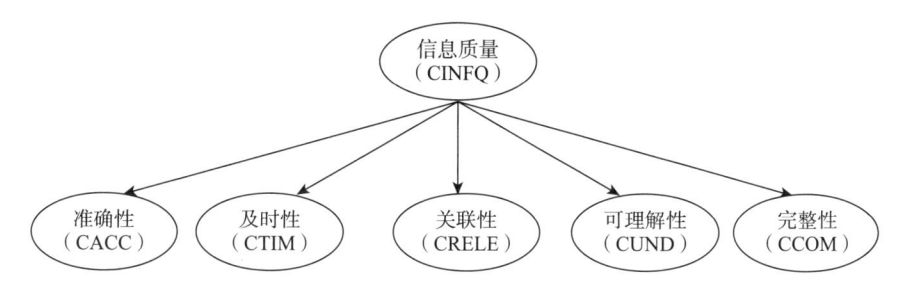

图 2 基于社会公众感知的信息质量子维度

表 2 基于社会公众感知的信息质量子维度测量题项

潜变量	测量题项	来源
准确性 (CACC)	CACC1. 在政务服务中心我可以获得准确的信息	（Wangpipatwong, Chutimaskul, Papasratorn and Weerakkody, 2009；Lee and Chung, 2009）
	CACC2. 我信任政务服务中心提供的信息	
及时性 (CTIM)	CTIM1. 在政务服务中心我可以获得最新的办事信息	
	CTIM2. 政务服务中心提供的信息都是及时的	
关联性 (CRELE)	CRELE1. 我在政务服务中心获得的信息都是有用的	
	CRELE2. 在政务服务中心我可以获得需要的信息	
可理解性 (CUND)	CUND1. 政务服务中心的信息容易理解	
	CUND2. 政务服务中心的信息是明确的	
完整性 (CCOM)	CCOM1. 在政务服务中心我可以获得足够的信息	
	CCOM2. 政务服务中心提供的信息都是完整的	

（二）系统质量

在最初的 D&M 信息系统成功模型中，系统质量关注的是信息系统自身产生信息的特性，是对其自身信息处理系统的测量和评估（Delone and Mclean, 1992）。学者们在应用模型的过程中，主要从易用性（Ease of Use）、功能性（Functionality）、可靠性（Reliability）、灵活性（Flexibility）、数据质量（Data Quality）、可移植性（Portability）、集成性（Integration）和重要性（Importance）等方面对系统质量进行测量。在扩展的 D&M 信息系统成功模型中，系统质量主要用于测量电子商务系统预期的特性，如对可用性（Usability）、有效性（Availability）、可靠性、适应性（Adaptability）等多个方面进行测量评估（Delone and Mclean, 2003）。在后续研究中，学者们识别出了系统质量的子维度，包括功能性（Functionality）、可靠性（Dependability）、易用性、有用性（Usefulness），即系统能够实现需要的功能；系统长久有效可靠；系统使用无须花费多少努力；用户感知到方便、节约时间和花费（Wangpipatwong et al., 2009；Petter and Mclean, 2009）。对于政务服务中心而言，信息系统是其工作体系得以运行、政务服务得以供给的基础性支撑。第一，社会公众申办事项，首先需要接触的，除了信息查询网站或社交媒体公众号，就是网上申报系统或现场的叫号排队系统，公众办事初期的基本功能及业务办理过程中的流转功能，都是其系统功能性的体现。第二，政务服务中心线上相关系统需要面向本行政辖区内所有社会公众开放，其系统载荷及故障率决定了系统能否长期稳定运行，这是可靠性的体现。第三，当前，虽然我国网民规模仍在平稳增长，已达7.72亿人，但由于人口基数大，网民普及率仅为55.8%（中国互联网络信息中心，2018），并不是所有人都能无障碍使用电子政务系统，因此，政务服务中心面向社会公众开放的信息系统能否实现"傻瓜式"操作、是否容易使用，是其易用性的体现。第四，政务服务线上线下系统的设置，出发点应该是便民利民，通过这些系统，社会公众能否有效节约时间和花费，便是对其有用性的考察内容。因此，本文认为政务服务中心系统质量也由功能性、可靠性、易用性和有用性四个子维度构成，具体如图3所示。

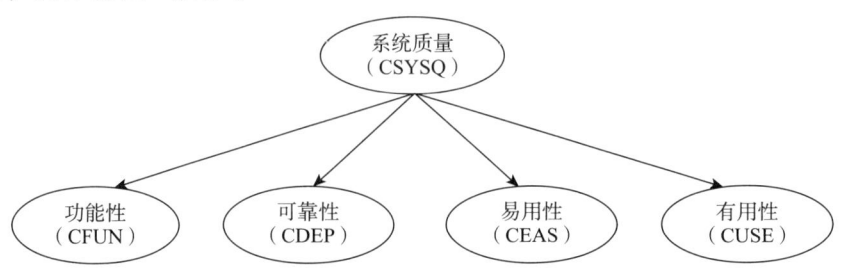

图3　基于社会公众感知的系统质量子维度

对系统质量各子维度的测量，主要借鉴上述相关文献，通过对其已有量表进行情景化修正，得到本文的初始量表，具体如表3所示。

表3 基于社会公众感知的系统质量子维度测量题项

潜变量	测量题项	来源
功能性 （CFUN）	CFUN1. 我能从政务服务中心的设备和系统获得必要信息	（Wangpipatwong, Chutim-askul, Papasratorn and Weerakkody, 2009；Lee and Chung, 2009）
	CFUN2. 我能用政务服务中心的设备和系统办理部分事项	
	CFUN3. 政务服务中心的设备和系统提供了我需要的功能	
	CFUN4. 政务服务中心的设备和系统提供了多样化的功能	
可靠性 （CDEP）	CDEP1. 政务服务中心的设备和系统，总能有效响应	
	CDEP2. 政务服务中心的设备和系统，总能准确运行	
	CDEP3. 政务服务中心的设备和系统不会随便泄我的个人信息	
	CDEP4. 使用政务服务中心的设备和系统，我感觉很安全	
易用性 （CEAS）	CEAS1. 政务服务中心的设备和系统，用起来很简单	
	CEAS2. 通过政务服务中心的设备和系统，办事比较简单	
	CEAS3. 在政务服务中心办事，不需要我很会用电脑	
有用性 （CUSE）	CUSE1. 政务服务中心的设备和系统，能帮我更快地办理事项	
	CUSE2. 政务服务中心的设备和系统，对我的帮助很明显	
	CUSE3. 政务服务中心的设备和系统，能帮助我减少排队时间	

（三）现场服务质量

在应用及检验 D&M 信息系统成功模型的过程中，学者们日益认识到服务质量的重要性，认为有必要将其从系统质量中抽取出来，作为一个单独的变量加入信息系统成功模型（Kettinger and Lee, 1994；Li, 1997；Pitt et al., 1995；Delone and Mclean, 2003）。因此，学者们引入 SERVQUAL 测量工具，从有形性（Tangibles）、可靠性（Reliability）、响应性（Responsiveness）、保证性（Assurance）、移情性（Empathy）

五个维度对信息系统环境下的服务质量进行了测量（Kettinger and Lee，1994；Pitt，Watson and Kavan，1995），证明其适用性与有效性，成功地对信息系统成功模型进行了拓展。新模型中，服务质量指的是"服务提供者提供的总体支持，与具体提供服务的部门、是否外包无关"（Delone and Mclean，2003）。由于 SERVQUAL 测量工具在服务质量领域的广泛适用性，学者们在对服务质量进行研究和评估时，一般都是根据具体环境进行调整后采纳使用。对于政务服务中心质量而言，服务质量是其总体质量的一部分，为避免混淆，可将其称作"现场服务质量"。

本文认为，社会公众在政务服务中心现场接受的服务，也可以通过有形性、可靠性、移情性、响应性和保证性五个子维度来进行测量与评估。其中，有形性指对政务服务中心现场的物理环境及设备等的感知评价，可靠性指政务服务中心能够较少出错地实现其服务承诺，移情性指政务服务中心及其工作人员对办事公众的关心与帮助，响应性指政务服务中心及其工作人员愿意较快地为办事公众提供服务，保证性指工作人员有能力为办事公众提供服务。

现场服务质量子维度如图 4 所示。

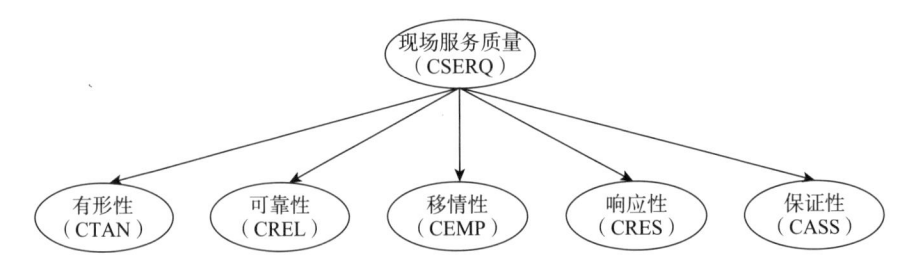

图 4　基于社会公众感知的现场服务质量子维度

对现场服务质量各子维度的测量，主要借鉴 SERVQUAL 服务质量测量量表，结合相关文献，通过对其已有量表进行情景化修正，得到本文的初始量表，具体如表 4 所示。

表4 基于社会公众感知的现场服务质量子维度测量题项

潜变量	测量题项	来源
有形性 (CTAN)	CTAN1. 政务服务中心环境整洁舒适	(Ma et al., 2008; Hu et al., 2009)
	CTAN2. 政务服务中心设备很现代化	
	CTAN3. 政务服务中心的各种指示牌很容易理解	
可靠性 (CREL)	CREL1. 政务服务中心能在承诺时间内办好我的事项	
	CREL2. 政务服务中心总是能够解决我的问题	
	CREL3. 政务服务中心的服务总是让我很放心	
	CREL4. 政务服务中心很少出错	
移情性 (CEMP)	CEMP1. 工作人员非常愿意帮助我	
	CEMP2. 工作人员能友好地帮助我	
	CEMP3. 政务服务中心很了解我的需求	
响应性 (CRES)	CRES1. 我提出需求后，工作人员能及时反应	
	CRES2. 我遇到问题时，工作人员能很快地为我解决	
	CRES3. 政务服务中心很重视我反馈的意见	
	CRES4. 政务服务中心能及时有效处理我的咨询或投诉	
保证性 (CASS)	CASS1. 工作人员有能力回答我的疑问	
	CASS2. 工作人员有能力解决我的问题	
	CASS3. 工作人员有能力做好他们的工作	

（四）结果质量

在多维多层质量测量模型中，学者们基于文献和定性研究，引入结果质量，认为它会影响总体感知质量，并通过实证研究对其进行了验证（Brady and Jr. Cronin, 2001; Caro and García, 2008; Balog, 2011）。社会公众对政务服务中心服务交付环节的感知和评估，以及后续的服务反馈，都是促进质量有效提升的重要信息参考源，在这一质量环节，公众感知的正是从事项办理结果的角度对整个服务过程的评估。对社会公众而言，如果事项办理顺利、结果满意，很可能会对事项办理前期各环节的不满有所消解；如果办理不顺利或结果无法接受，则很可能导致态度的转变，对整个事项办理流程都有所抱怨。因此，在政务服务中心质量管理中，有必要对社会公众感知的结果质量进行关注与优化。

文献表明，结果质量主要包含等待时间（Waiting Time）、结果有形性、效价（Valence）三个子维度。在政务服务中心环境下，等待时间主要指系统处理等待时间、排队叫号等待时间、事项审核等待时间等。有形性指事项办结后的结果呈现，与公众预期是否一致，在本文中称其为结果有形性（Outcome Tangibles）。效价也称为引拒值、诱发力，是德裔美国心理学家勒温（Kurt Lewin）动力场论中的一个概念，指"个人生活空间中一个物体、事件、人、目标、区域等所具有的心理值，可以用'正'或'负'分别指被回避的与被寻求的事物的诱发力"（黄希庭，2004）。在这里，效价指社会公众对政务服务中心服务效用的心理评价值，结果质量子维度如图 5 所示。

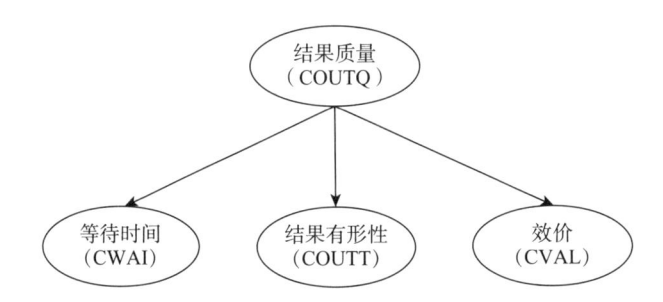

图 5　基于社会公众感知的结果质量子维度

对结果质量各子维度的测量，主要借鉴已有文献，通过对其已有量表进行情境化修正，得到本文的初始量表，具体如表 5 所示。

表 5　基于社会公众感知的结果质量子维度测量题项

潜变量	测量题项	来源
等待时间（CWAI）	CWAI1. 在政务服务中心办事需要等待，是意料之中的	
	CWAI2. 政务服务中心努力减少我的等待时间	
	CWAI3. 服务人员懂得等待的时间对我来说很重要	

续表

潜变量	测量题项	来源
结果有形性（COUTT）	COUTT1. 我对政务服务中心的硬件设施一直都很满意	（Brady and Jr. Cronin, 2001; Caro and García, 2008）
	COUTT2. 政务服务中心有自助服务机和其他设备，我很喜欢	
	COUTT3. 政务服务中心知道我们市民想要的服务	
效价（CVAL）	CVAL1. 办完事后，我感觉服务体验很好	
	CVAL2. 政务服务中心试图给我良好的服务体验	
	CVAL3. 政务服务中心了解市民们想要什么样的服务体验	

由以上分析，得出基于社会公众感知的政务服务中心质量多维多层模型，如表6所示。

表6 基于社会公众感知的政务服务中心质量主维度及子维度

主维度	子维度
信息质量（CINFQ）	准确性（CACC）
	及时性（CTIM）
	关联性（CRELE）
	可理解性（CUND）
	完整性（CCOM）
系统质量（CSYSQ）	功能性（CFUN）
	可靠性（CDEP）
	易用性（CEAS）
	有用性（CUSE）
现场服务质量（CSERQ）	有形性（CTAN）
	可靠性（CREL）
	移情性（CEMP）
	响应性（CRES）
	保证性（CASS）
结果质量（COUTQ）	等待时间（CWAI）
	结果有形性（COUTT）
	效价（CVAL）

四 模型检验

（一）问卷开发和数据收集

基于以上概念模型及相关测量题项，本文设计开发出调查问卷初稿，并在邀请武汉市政务服务中心（武汉市民之家）政务服务管理办公室相关领导、业务骨干评阅指导后，对问卷进行删减和修正，形成预试问卷。而后，在实体办事大厅随机发放，并全程观察填答过程，对市民、工作人员发现的疑点及问题进行记录，直至没有新的问题和意见，根据汇总整合的结果，再次修正调查问卷。由此，形成最终调查问卷。问卷中，除基本信息外，所有题项均采用李克特五点量表，邀请填答人根据自己感知，对题项描述进行判断，勾选"非常不符合""不太符合""一般""比较符合""非常符合"对应的方框。

本文问卷调查数据主要来自武汉市政务服务中心（武汉市民之家）。武汉市民之家于2012年10月投入使用并不断探索创新，向企业、市民提供政务服务，截至2018年3月，市民之家已累积办件2485.3万件。2017年，武汉市提出并推广"马上办、网上办、一次办"深化改革措施，在全国政务服务改革中走在前列，具有较强的代表性。当前，武汉市民之家行政审批服务区共设立160个服务窗口，办理350项行政审批和公共服务事项（其中市级保留行政审批事项160项），从数据收集及样本选择的角度看，武汉市民之家有较为合适的调研基础，故将其作为本文调研地。在市民之家，调研小组成员随机向办事大厅的社会公众发放问卷并回收。最终，合计发放问卷300份，回收265份，有效问卷260份。调查问卷有效样本特征基本描述如表7所示。

表7 面向社会公众的样本特征

项目	类别	频数	百分比
性别	男	141	55.08
	女	115	44.92
年龄	≤20	2	0.77
	21~30	140	53.85
	31~40	82	31.54
	41~50	17	6.54
	51~60	17	6.54
	≥61	2	0.77
受教育程度	硕士及以上（包括MBA）	27	10.38
	本科	159	61.15
	专科	54	20.77
	高中	16	6.15
	初中及以下	4	1.54
职业	政府/事业单位工作人员	24	9.23
	企业工作人员	176	67.69
	个体户	13	5.00
	退休人员	4	1.54
	无职业人员	1	0.38
	教师	5	1.92
	学生	8	3.08
	其他	29	11.15
月收入（税后）	<2000	13	5.08
	2000~2999	17	6.64
	3000~3999	46	17.97
	4000~4999	43	16.80
	5000~5999	40	15.63
	≥6000	97	37.89

注：此表仅对填答数据做统计，故部分项目总数略小于总样本数。计算百分比时，分母中未计入缺失值数量。

(二) 模型检验和分析

已有研究表明,在 Smart PLS 中,对于反映型变量,可以通过观察计算结果中的载荷系数(Outer Loadings)、Cronbach α 系数及综合信度(Composite Reliability, CR)系数来判断测量模型的指标信度(Indicator Reliability)与内部一致性信度(Internal Consistency Reliability),通过考察潜变量的抽取平均方差(Average Variance Extracted, AVE)及其平方根与潜变量相关矩阵中对应系数的关系,来判断收敛效度(Convergent Validity)和判别效度(Discriminant Validity),从而判断测量模型的总体质量(Wong, 2013)。

1. 主维度模型检验

(1) 测量模型检验

首先检验主维度指标信度(Indicator Reliability)。按照 Wong Ken Kwong-Kay 整理的关于 PLS 的基本检验指标要求,测量模型载荷系数,即外部载荷的平方最好达到 0.70,不能低于 0.40(Wong, 2013)。因此,载荷系数不应低于 0.632,最好达到 0.837。计算结果表明,各载荷系数分布于 0.901 至 0.962 之间,均满足要求;各观测变量 t 值分布于 51.415 至 118.783 之间,显著性水平均较高,测量模型指标信度较高。

其次检验内部一致性信度。计算结果显示,Cronbach α 值分布于 0.917 至 0.947 之间,均大于 0.7,且综合信度均高于 0.9,说明内部一致性信度比较令人满意,具体结果如表 8 所示。

表 8 社会公众感知的质量主维度潜变量相关矩阵

	α	CR	AVE	CQ	CINFQ	CSYSQ	CSERQ	COUTQ
CQ	0.919	0.961	0.925	**0.962**				
CINFQ	0.944	0.960	0.857	0.755	**0.926**			
CSYSQ	0.947	0.966	0.904	0.742	0.781	**0.951**		

续表

	α	CR	AVE	CQ	CINFQ	CSYSQ	CSERQ	COUTQ
CSERQ	0.917	0.948	0.858	0.755	0.797	0.791	**0.926**	
COUTQ	0.929	0.950	0.825	0.781	0.809	0.858	0.862	**0.908**

注：α 为 Cronbach α 系数；CR 为综合信度。

最后检验收敛效度和判别效度。数据表明，各潜变量的抽取平均方差分布于 0.825 至 0.925 之间，均大于 0.5，且其平方根都大于该变量与其他变量的相关系数，这些表明收敛效度与判别效度均较高。

因此，社会公众感知的政务服务中心质量主维度测量模型得到实证数据的支持。

（2）结构模型检验

利用 Smart PLS 2.0 对模型进行回归分析，并用其 bootstrapping 方法（N=4000）进行显著性检验。具体结果如表 9 所示。

表 9 社会公众感知的质量主维度结构模型计算结果

变量	总体质量（CQ）	
	模型 1	模型 2
性别（CSEX）	0.028	-0.011
年龄（CAGE）	-0.002	-0.036
受教育程度（CEDU）	0.203***	0.1060*
职业（COCC）	0.059	0.022
月收入（CINC）	0.0140	-0.011
服务经历（CSERE）	0.021	-0.037
事项类型（CSERC）	0.156*	0.047
服务方式（CSERM）	-0.054*	-0.009
服务次数（CSERT）	-0.133	-0.080*
信息质量（CINFQ）		0.264*
系统质量（CSYSQ）		0.169*

续表

变量	总体质量（CQ）	
	模型 1	模型 2
现场服务质量（CSERQ）		0.179*
结果质量（COUTQ）		0.244**
R^2	0.080	0.688

注：*** 表示在 0.001 水平上显著，** 表示在 0.01 水平上显著，* 表示在 0.05 水平上显著。

模型 1 是 9 个控制变量对总体质量的回归分析。其中，服务经历指受访者以前是否来过政务服务中心办事，事项类型指受访者所办事项为个人事项还是对公事项，服务方式指受访者所办事项可自助完成还是需要到窗口办理，服务次数指受访者所办事项可一次办完还是需要多次往返。由于以上变量对应着不同类型的人群，他们所申办的事项与服务可能存在一定的差异，有可能导致感知质量的差异，故均将其列入控制变量范围。计算结果表明，受教育程度、事项类型、服务方式在不同显著性水平上影响总体感知质量。

模型 2 在控制变量基础上加入了各主维度感知质量。计算结果表明，信息质量、系统质量、现场服务质量的显著性水平均在 0.05，结果质量在 0.01 水平上显著。在模型 2 中，控制变量"事项类型"和"服务方式"不再显著，而"服务次数"达到 0.05 的显著性水平，这可能是由于样本数据所限，部分变量计算结果游离在指标数据附近，显著性水平不稳定。

由此表明，社会公众感知的政务服务中心质量主维度结构模型也得到实证数据的支持，而相关控制变量的作用，还有待于进一步的实证检验，以探究其在质量形成过程中的实际影响机理。

2. 子维度模型检验

(1) 测量模型检验

首先检验主维度指标信度。计算结果表明，各载荷系数分布于 0.789 至 0.975 之间，除结果质量的子维度等待时间（CWAI）的第一个测量题项载荷系数值为 0.789，其余载荷系数值均在 0.837 以上，故载荷系数均满足要求；各观测变量 t 值分布于 17.321 至 175.797 之间，显著性水平均较高，测量模型指标信度较高。

其次检验内部一致性信度。计算表明，Cronbach α 值分布于 0.849 至 0.966 之间，均大于 0.7，且综合信度（CR）均高于 0.9，说明内部一致性信度比较令人满意。

最后检验收敛效度和判别效度。计算结果显示，各潜变量的抽取平均方差（AVE）分布于 0.770 至 0.950 之间，均远高于 0.5，且其平方根都大于该变量与其他变量的相关系数。这些表明收敛效度与判别效度均较高。

因此，社会公众感知的政务服务中心质量子维度测量模型得到实证数据的支持。

（2）结构模型检验

利用 Smart PLS 2.0 对模型进行回归分析，并用其 bootstrapping 方法（N = 4000）进行显著性检验。具体结果如表 10 所示。

表 10 社会公众感知的多维多层质量结构模型计算结果

变量	CQ	CINFQ	CSYSQ	CSERQ	COUTQ
性别（CSEX）	0.019				
年龄（CAGE）	-0.048				
受教育程度（CEDU）	0.100*				
职业（COCC）	0.003				
月收入（CINC）	-0.020				
服务经历（CSERE）	-0.023				
事项类型（CSERC）	0.034				
服务方式（CSERM）	-0.038				
服务次数（CSERT）	-0.052				
信息质量（CINFQ）	0.243				
系统质量（CSYSQ）	0.181*				

续表

变量	CQ	CINFQ	CSYSQ	CSERQ	COUTQ
现场服务质量（CSERQ）	0.227*				
结果质量（COUTQ）	0.212*				
准确性（CACC）		0.361***			
及时性（CTIM）		0.193*			
关联性（CRELE）		-0.086			
可理解性（CUND）		0.103			
完整性（CCOM）		0.344**			
功能性（CFUN）			0.227**		
可靠性（CDEP）			0.213*		
易用性（CEAS）			0.282***		
有用性（CUSE）			0.190*		
有形性（CTAN）				0.132**	
可靠性（CREL）				0.161*	
移情性（CEMP）				0.603***	
响应性（CRES）				-0.180*	
保证性（CASS）				0.233**	
等待时间（CWAI）					0.364***
结果有形性（COUTT）					0.356***
效用价值（CVAL）					0.169*
R^2	0.693	0.756	0.738	0.775	0.692

注：*** 表示在 0.001 水平上显著，** 表示在 0.01 水平上显著，* 表示在 0.05 水平上显著。

总体而言，加入子维度变量后，模型的解释力有所增强。总体质量的 R^2 由 0.688 提升到 0.693。同时，各子维度变量对主维度变量的解释力也较大，R^2 分布于 0.692 至 0.775 之间。从显著性水平上看，绝大部分子维度都在不同水平上达到显著性要求。但信息质量（CINFQ）的子维度关联性（CRELE，t 值为 1.042）和可理解性（CUND，t 值为 1.369）没有达到显著性要求，并可能由此导致信息质量在模型扩展后也没有达到显著性水平（t 值为 1.504）。

量、系统质量、现场服务质量和结果质量四个主维度及 17 个子维度。研究结果表明,本文构建的测量模型得到了实证数据的验证,具有一定的适用性,但还有待于进一步检验和完善,并在运用中根据实际情况进行调整优化。在实践中,需要根据实际情况,重点关注部分关键维度,并在控制、提升质量的过程中,注重资源的合理配置。在考察政务服务中心质量现状、研判质量提升需求及制定质量提升计划等相关质量管理环节中,可采用本文建立的多维多层测量模型进行初次测量,根据模型计算结果,结合实践经验进行综合考虑,对不同维度拟定相应的权重,以提升总体服务质量为目标,在实际应用过程中进行动态调整,从而加强模型的实际指导和应用价值。

本文构建了城市政务服务中心多维多层质量测量模型,但由于不同行政层级的政务服务中心在政务服务中扮演着不尽相同的角色,不同地域的政务服务中心也各有特色,具体的质量评估和测量也会存在一定的差异,而本文仅选取武汉市民之家作为调研对象开展实证研究,所得结论的普适性还有待进一步检验,测量模型有待在后续研究中进一步完善。同时,值得注意的是,政务服务中心作为政府各职能部门面向社会公众提供政务服务的平台,其用户不仅包括社会公众,还包括通过这一平台提供政务服务的工作人员,他们与相关系统的接触更为频繁,开展面向工作人员的质量测量,对于发现、解决线上线下问题可能产生更为显著的效果。因此,在后续研究中,有必要从工作人员感知视角开发政务服务中心质量测量模型,并面向不同地区、不同层级的政务服务中心开展实证研究,结合各地实践情况,提供更具现实指导价值的质量测量工具和建议。

参考文献

包明林、刘蓉、邹凯、周军,2015,《政务微博服务质量评价指标体系研究》,《现代情报》第 9 期,第 93~97 页。

这说明此次问卷调查的数据并不完全支持完整的多维多层质量测量模型。

（三）结果讨论

基于社会公众感知的政务服务中心多维多层质量测量模型总体上得到了验证。在主维度模型检验中，测量模型、结构模型均得到数据支持。其中，结果质量显著性高于其他三个维度的质量，证明了引入结果质量的必要性。在整体模型检验中，加入子维度后，测量模型得到数据的支持，结构模型解释力有所增强，但调查数据并不支持所有子维度，有两个子维度（信息质量关联性、可理解性）未达到显著性水平，没有达到理论分析的理想水平。这可能与样本群体特性有关，也可能是因为所调研的政务服务中心在信息关联性、可理解性方面做得较好，社会公众已经习以为常，故对其总体感知质量影响较小。因此，可以认为，在社会公众层面，政务服务中心质量主要包含信息质量、系统质量、现场服务质量和结果质量四个维度，共涉及 17 个子维度，且应在后期研究中进一步对子维度进行检验、修正。值得注意的是，在其他子维度中，信息准确性、系统易用性、现场服务的移情性、办结等待时间、结果有形性等均达到了 0.001 的显著性水平，表明在保证各维度基本质量的前提下，提高这几个维度的质量，可以更显著地提升整体服务质量。

五 结语

本文基于已有相关研究成果，结合政务服务中心运行特点及规律，在剖析质量形成机理的基础上，从社会公众感知视角构建多维多层质量测量模型，能为开展评估、寻找短板、控制影响因素、制定质量提升计划等相关质量管理实践活动提供理论参考，打破政务服务中心发展瓶颈，促进"互联网+政务服务"的切实推行。

基于社会公众的政务服务中心质量多维多层测量模型包含信息质

陈岚，2015，《基于公众视角的地方政府微博信息服务质量评价及差距分析》，《现代情报》第6期，第3~8页。

李宗富，2017，《信息生态视角下政务微信信息服务模式与服务质量评价研究》，吉林大学博士学位论文。

刘红丽、杨兰蓉，2012，《基于供应链的电子政务服务质量评估研究》，《情报杂志》第7期，第168~171页。

陆敬筠、朱晓峰，2012，《基于卡诺模型的电子政务服务质量要素研究》，《电子政务》第1期，第75~80页。

孙良文，2011，《基于信息系统成功模型的电子政务服务质量研究》，《中国管理信息化》第2期，第60~62页。

张辉，2010a，《电子政府服务质量评估：文献综述》，《电子政务》Z1期，第125-129页。

张辉，2010b，《基于服务过程的电子政务服务质量评估模型研究》，《图书情报工作》第11期，第116~118页。

张君、胡荣、王悦，2015，《基于多维和分层模型的机场服务质量评价研究》，《武汉理工大学学报》（信息与管理工程版）第1期，第121~125页。

张龙，2009，《移动服务质量与顾客满意研究》，华中科技大学博士学位论文。

张龙、鲁耀斌、乔永忠，2009，《移动服务质量的多维多层尺度测量模型构建》，《管理学报》第6期，第722~728页。

张晓娟、刘亚茹、邓福成，2017，《基于用户满意度的政务微信服务质量评价模型及其实证研究》，《图书与情报》第2期，第41~47页。

赵曼丽，2012，《公共服务协同供给研究：基于共生理论的分析框架》，《学术论坛》第12期，第38~41页。

中国互联网络信息中心，2018，《第41次中国互联网络发展状况统计报告》。

Andam R., Montazeri A., Feizi S., Mehdizadeh R., 2015, Providing a Multidimensional Measurement Model for Assessing Quality of Sport Tourism Services: Empirical Evidence from Sport Conference as Sport Event Tourism. *Iranian Journal of Management Studies*. 8 (4): 607–629.

Balog A., 2011, A Multidimensional and Hierarchical Model for Assessing the Quality of E-Learning Services. *Romanian HCI Journal*. 4: 79 – 82.

Brady M. K., Jr. Cronin J. J., 2001, Some New Thoughts on Conceptualizing Perceived Service Quality: A Hierarchical Approach. *Journal of Marketing*. 65 (3): 34 – 49.

Carman J. M., 1990, Consumer Perceptions of Service Quality: An Assessment of the SERVQUAL Dimensions. *Journal of Retailing*. 66 (1): 33 – 55.

Caro L., García J. A., 2008, Developing a Multidimensional and Hierarchical Service Quality Model for the Travel Agency Industry. *Tourism Management*. 29 (4): 706 – 720.

Choi B. J., Kim H. S., 2013, The Impact of Outcome Quality, Interaction Quality, and Peer-To-Peer Quality on Customer Satisfaction with a Hospital Service. *Managing Service Quality*. 23 (3): 188 – 204.

Cook C., Heath F., Thompson B., 2001, Users' Hierarchical Perspectives on Library Service Quality: A "LibQUAL+" Study. *College & Research Libraries*. 62 (2): 147 – 153.

Dabholkar P. A., Thorpe D. I., Rentz J. O., 1996, A Measure of Service Quality for Retail Stores: Scale Development and Validation. *Journal of the Academy of Marketing Science*. 24 (1): 3 – 16.

Delone W. H., Mclean E. R., 1992, Systems Success: The Quest for the Dependent Variable. *Information Systems Research*. 3 (3): 60 – 95.

Delone W. H., Mclean E. R., 2003, The DeLone and McLean Model of Information Systems Success: A Ten-Year Update. *Journal of Management Information Systems*. 19 (4): 9 – 30.

Hu P. J., Brown S. A., Thong J. Y. L., Chan F. K. Y., Tam K. Y., 2009, Determinants of Service Quality and Continuance Intention of Online Services: The Case of Etax. *Journal of the American Society for Information Science and Technology*. 60 (2): 292 – 306.

Iivari J., 2005, *An Empirical Test of the DeLone-McLean Model of Information System Success*: ACM: 8 – 27.

Kang Y. S., Lee H., 2010, Understanding The Role of An IT Artifact in Online Service Continuance: An Extended Perspective of User Satisfaction. *Computers in Human Behavior*. 26 (3): 353 – 364.

Kettinger W. J., Lee C. C., 1994, Perceived Service Quality and User Satisfaction with the Information Services Function. *Decision Sciences*. 25 (5 – 6): 737 – 766.

Lee K. C., Chung N., 2009, Understanding Factors Affecting Trust in and Satisfaction with Mobile Banking in Korea: A Modified Delone and Mclean's Model Perspective. *Interacting with Computers*. 21 (5): 385 – 392.

Li E. Y., 1997, Perceived Importance of Information System Success Factors: A Meta Analysis of Group Differences. *Information & Management*. 32 (1): 15 – 28.

Lu Y., Zhang L., Wang B., 2009, A Multidimensional and Hierarchical Model of Mobile Service Quality. *Electronic Commerce Research and Applications*. 8 (5): 228 – 240.

Ma D., Wang Q., Xu Z., Liang W., 2008, *Research on the Evaluation of e-Government Service* Quality: 1 – 4.

Petter S., Mclean E. R., 2009, A Meta-Analytic Assessment of the Delone and Mclean is Success Model: An Examination of is Success at the Individual Level. *Information & Management*. 46 (3): 159 – 166.

Pitt L. F., Watson R. T., Kavan C. B., 1995, Service Quality: A Measure of Information Systems Effectiveness. *MIS Quarterly*. 19 (2): 173 – 187.

Stefanovic D., Marjanovic U., Delić M., Culibrk D., Lalic B., 2016, Assessing The Success Of e-Government Systems: An Employee Perspective. *Information & Management*. 53 (6): 717 – 726.

Wang J., Hang D., 2009, Customer-Centered e-Government Service Quality Evaluation: Framework and Case Study. *IEEE*: 198 – 202.

Wang Y., Liao Y., 2008, Assessing eGovernment Systems Success: A Validation of the Delone and Mclean Model of Information Systems Success. *Government Information Quarterly*. 25 (4): 717 – 733.

Wangpipatwong S., Chutimaskul W., Papasratorn B., Weerakkody V., 2009, Quality Enhancing the Continued Use of e-Government Web Sites: Evidence from e-

Citizens of Thailand. *International Journal of Electronic Government Research.* 5 (1): 19 – 35.

Weerakkody V., Irani Z., Lee H., Hindi N., Osman I., 2016, Are UK Citizens Satisfied with e-Government Services? Identifying and Testing Antecedents of Satisfaction. *Information Systems Management.* 33 (4): 331 – 343.

Wong K. K., 2013, Partial Least Squares Structural Equation Modeling (PLS-SEM) Techniques Using SmartPLS. *Marketing Bulletin.* 24 (1): 1 – 32.

Yi Y., Gong T., 2008, The Electronic Service Quality Model: The Moderating Effect of Customer Self-Efficacy. *Psychology & Marketing.* 25 (7): 587 – 601.

Zhao Y., Chen G., 2013 A Multidimensional And Hierarchical Model of Library Mobile Service Quality. *Chinese Journal of Library and Information Science.* (3): 59 – 74.

Research on the Multi-dimensional and Multi-level Measurement Model of Urban Government Service Center Quality

Ming Chenghan Zhang Ziyan Xu Xiaolin

Abstract: Quality measurement is an important foundation for the high quality development of urban government service centers. Accurately identifying and measuring the quality of each dimension of government service center can provide valuable references for identifying the key quality characteristics and determining quality objectives of government service center, conducting quality management, and promoting continuous improvement of quality. Based on the existing literature and field observations, a multi-dimensional and multi-level measurement model of urban government service center quality was constructed from the perspective of public perception, and an empirical study was conducted at the Wuhan Citizens' Home to test the model. The quality of government service center perceived by the public includes 4 main dimensions including information quality, system quality, on-site service quality and result quality, which contain 17 sub-dimensions. In the practice of government service reform, relevant resource allocation plans should be adjusted based on quality measurement results to significantly improve overall service quality.

Keywords: Government Service Center; Quality Measurement; Multi-dimensional and Multi-Level

我国网络实名制的实施困境及其对策

——基于新浪微博用户的调查[*]

谭海波 梁榕蓉[**]

【摘要】 随着互联网时代的到来，网络失序成为社会和谐的一大隐患。微博作为我国目前普遍使用的信息分享和交流平台，在舆情监测、传播和治理方面影响力显著，以微博为突破口整顿网络秩序显得尤为重要。本文从新浪微博用户的特征出发，研究微博用户对于微博实名制的接受程度，探究我国网络实名制的实施困境，并提出了完善相关制度、保障信息安全、加强实名制宣传力度、激发市场活力等相应对策。

【关键词】 网络秩序；微博实名制；微博用户特征；信息安全；市场活力

一 问题的提出

随着互联网技术的快速发展与经济发展水平的不断提高，我国网

---

[*] 国家社科基金项目"基于大数据应用的地方政府治理模式创新研究"（编号：16BGL155）。

[**] 谭海波，湖南大学法学院（政治与公共管理学院）公共管理系副教授，研究方向为政府创新与电子政务；梁榕蓉，湖南大学法学院（政治与公共管理学院）行政管理专业本科生。感谢闫玖玖、王甜、王海函、徐艳艳等同学在资料收集和初稿写作中所付出的努力，文责自负。

民数量也在迅猛增长,根据 2017 年信息通信研究院的统计,我国网民数量已突破 7.6 亿大关(中国新闻网,2017)。互联网为社会舆论提供了便捷的条件和广阔的场所,人们的表达也更为自由和开放。但网络世界的虚拟性、匿名性在一定程度上加大了监管的难度,加之网络传播速度快、受众面广的特点,导致网络谣言、网络暴力等一系列乱象频频出现,成为互联网良性发展与社会稳定的一大隐患。在党的十九大上,习近平总书记发表的重要讲话中提出将"加强互联网内容建设,建立网络综合治理体系,营造清朗的网络空间"作为我国新时代的使命之一,反映出我国重塑互联网秩序的信心和决心。

微博是 Web 2.0 时代的典型产物,是为大众提供娱乐休闲生活服务的信息分享和交流平台。新浪微博于 2009 年开始内测,截至 2017 年 12 月,新浪微博月活跃用户增至 3.92 亿,日活跃用户也增长到了 1.72 亿,移动端占比 92%,包括大量政府机构、官员、企业、个人认证账号等用户群体(新浪科技,2018),成为当下网民广泛使用的社交平台。近年来,在微博用户猛增的同时,用户"鱼龙混杂"、网络营销盛行、网络暴力频发等一系列严重扰乱网络秩序的现象也随之而至,而新浪微博作为国内社交媒体的典型代表,则是网络秩序混乱的一个重灾区。

为了应对这些乱象,我国开展了一系列有关网络实名制的探索。2011 年 11 月,在中国互联网协会指导下,身份通实名认证功能开通。2012 年 3 月 16 日,政府开始正式实施实名制,但微博运营商只要求新用户进行实名认证,对于早已注册微博的老用户则并没有实行强制的认证措施。2013 年,随着微信的被广泛使用,移动社交平台逐渐兴起,微博运营商对实名制的要求也逐步放松。到了 2016 年,随着《中华人民共和国网络安全法》等相关法律法规的出台和实施,微博实名制再次进入公众的视野(高一飞、蒋炼,2016)。继 QQ 群、微信群等互联网群组要求实名制之后,新浪微博在 2017 年 9 月 15 日发布了《关于微博推进完成账号实名制的公告》,要求所有的新浪微博用户必须在 9 月

15日之前完成实名验证，否则不仅无法发布新的微博动态，也无法评论他人微博。

那么，微博实名制实施的效果如何？影响微博实名制接受度的核心因素是什么？本文尝试收集新浪微博用户对于微博实名制的态度信息，分析影响微博实名制实施的相关因素，从而为微博实名制的进一步推进提供有针对性的建议。

二 文献综述

随着网络的发展和普及，网络秩序的研究也随之产生，但关于网络实名制的研究却于2004年韩国实行网络实名制后才开始兴盛起来，此阶段的研究主要集中于实名制的意义和作用。随着2005年"狗屎女"事件、2009年崔真实自杀风波、2011年网络用户信息泄露事件的发生，实名制的研究方向转变为网络秩序维护、网络暴力抑制以及个人信息安全保障方面。2012年韩国网络实名制失败后，学者们将研究视角转移到了实名制的实施措施方向。现有研究主要包括以下几个方面。

（一）网络实名制的技术保障

在网络安全基础性设施方面，消息认证技术（王继林等，2004）和数字签名技术（关振胜，2008）的研究推进了网络实名制技术的发展。范敏等学者提出防火墙、入侵检测、VPN（Virtual Private Network）、安全网关等安全措施的结合使用，构成了整个系统安全的基础安全性措施，在不同的层次上阻止了未经授权的用户对系统的非法访问，同时保障了用户的合法访问（范敏、谭立，2009）。

在网络实名认证体系研究方面，胡伟雄等学者提出了基于公钥基础设施的互联网实名认证系统，即通过使用数字证书来表示用户的身份并检查公钥和私钥之间的特殊关系来识别用户（Hu & Cheng, 2008）。常杰菊提出了基于公开密匙基础设施支持和 PKT 技术的网络实名认证体系，通过第三方权威机构颁布的数字证书和 PKI 提供的应用系统接口对用户身份的有效性和合法性进行认证（常杰菊，2011）。马丁、李丹学者提出了由数据层、基础设施层、服务层、应用层四个层次构成的网络实名制认证基础设施体系（马丁、李丹，2014）。

（二）网络实名制中的公民权利与义务

在网络实名制中关于公民义务的研究与日俱增。一方面，有研究认为网络的发展与开放破坏了信息的集中控制，同时也屏蔽了网民呼声（顾丽梅，2010）。此外，网络实名制也限制了网民的匿名表达自由、互联网表达自由及隐私权（庹继光，2014），匹配病例对照研究设计技术也可能会阻止一些微博用户撰写有关社会和政治主题的文章（Fu et al.，2013）。因此，胡颖对公民互联网表达自由的权利进行了研究，认为应平衡公民的权利与义务，当发生纠纷时，应公平公正地判定责任归属（胡颖，2012）。

另一方面，有研究认为网络实名制有利于保护公民的权利，比如刘星指出建立网络实名制有利于保障受害人在网络虚拟财产权受到侵害后获得合理的权利救济（刘星，2012）；而李丽指出实行实名制会使网络世界有法可依，能规范网络秩序，反而有利于保障公民的言论自由权利与隐私权（李丽，2009）。

（三）网络实名制的配套法律

关于网络实名制的法制保障，有学者从宏观层面提出相关建议，例如蔡德聪与刘素华认为可以用信息伦理和法治规范网络社会管理，用网络伦理道德标准和与网络社会相适应的法制体系对网络社会进行治理（蔡德聪、刘素华，2012）。而具体到微观层面，针对不同的事由也有不同的观点。在有关保护网民个人信息方面，聂跃宏在研究中指出需要加强网络媒体个人信息保护立法、完善网络媒体执法队伍建设并建立完善的网络犯罪责任追究体制，三项措施并举从而在推行网络实名制下对公民个人信息实施有效的法律保护（聂跃宏，2018）。赵娜从刑法的角度更为具体地对网络实名制下消费者个人信息权保护进行了探索，认为针对刑法对消费者个人信息权保护不足的现状，应建设性地提出统一侵犯公民个人信息罪的适用，加强对侵犯消费者个人信息下游犯罪的规制，增设过失泄露消费者个人信息罪名，设置消费者个人信息保护的专门立法等举措（赵娜，2017）。

在有关保障网民自由表达方面，王绘雯认为可以通过对现有法律法规进行梳理，在充分考虑我国目前网络表达自由现状与我国网络文化发展实际情况的基础上，制定一部"网络表达自由保护法"，对表达自由限制和禁止的内容具体化、程序化，并根据具体情况划分相应的限制等级，以达到防止政府恣意界定"有害言论"而滥用权力，实现保障网民表达自由的目的（王绘雯，2013）。杨福忠提出建构具有中国特色的网络匿名表达权的保护制度，尤其是法院通过立案标准的提高来加强对网络匿名表达权的保护（杨福忠，2012）。

（四）网络实名制的政策干预

美国学者凯斯·桑斯坦在《网络共和国》一书中提倡政府的积极介入，以便为网络的发展提供一个多元的信息环境。他指出，网络的发展会造成信息的窄化，从而导致社会趋于分裂，各种仇恨群体也因此更容易相互影响，对社会的稳定造成威胁，政府应积极介入以改变这种局面（桑斯坦，2003）。卡拉梯尔和伯斯在《开放网络与封闭体制：威权政体对互联网的控制》一书中提出了政府介入的两种方式——"消极防范"和"积极作用"。"消极防范"以限制为主，包括限制上网、过滤信息、封锁网站等易被观察到的方式；"积极作用"则以引导为主，赞同互联网的益处，但政府应把互联网引导到符合体制利益的轨道上来。大部分威权体制双轨并行，将两种措施结合使用以规范互联网的发展（Kalathil & Boas，2001）。库巴利加在《互联网治理》一书中，阐述了政府对于互联网管理的发展战略，要尊重网络规律，在尊重原则的前提下，促进互联网事业和谐发展（Kurbalija & Gelbstein, 2005）。陶文昭指出在实名制的实施过程中，要寻找适用的具体措施，实名制的实施领域要具有选择性，程度要进行分级管理，形式要多样化，步骤上要渐进开发（陶文昭，2010）。杨志勇主张引入政府主导的第三方身份管理平台，"统一建立公民网络实名制信息库来管理网民实名制信息"（杨志勇，2012）。而严则明提出了"以网络身份制取代网络实名制"的新观点（严则明，2015）。袁乐则强调要加强监管，进行严格的执法保护，此外也要进行普法宣传从而营造浓厚的法治氛围（袁乐，2015）。

综上所述，现有研究围绕网络实名制的技术保障、网络实名制中的权利和义务、网络实名制的配套法律和政策支持等主题开展了富有成效的讨论，为网络实名制的实施提供了相关对策建议。但是，网络实名制政策的目标群体是网民，只有弄清楚网民的担心和顾虑，对症下药，此项政策才能真正发挥它的作用。因此，探索此类政策对用户感知、态度和行为的细微影响显得十分重要。本研究正是以此为出发点，主要利用问卷调查法，通过调查结果分析不同因素影响微博实名制接受程度的方向性以及强弱程度，探究形成此现象的原因，进而有针对性地提出促进网络实名制推进的相关建议。

三 研究设计

本次研究的调查对象是新浪微博的用户，为了获得第一手的新浪微博用户特征及其使用情况和对于网络实名制的态度，本研究采用了问卷调查法和访谈法两种方式，进行相互补充和验证。

问卷调查是为了了解新浪微博用户基本信息、活动特征、对微博实名制的了解程度、对微博实名制的个人评价以及对微博实名制的接受程度。为此，我们采取了线上调查与线下调查相结合的方式，共发放问卷 500 份，回收有效问卷 463 份。线上问卷调查通过网络平台"问卷星"设计和发布，一是新浪微博评论与发布，通过该渠道共收集问卷 136 份；二是通过滚雪球的方式在 QQ 空间、朋友圈发布问卷链接，通过该渠道共收集问卷 102 份；三是在 QQ 群和微信群里邀请群好友参与问卷调查，该种渠道共收集问卷 62 份。根据"问卷星"后台记录，我们将填写时间少于 1 分钟的视为无效问卷，线上共收集到有效问卷 281 份。线下收集是将问卷打印出来，让被调查者当场填写问卷的一种方式，地点主要是在人流量较大的商场、景区。本研究中线下问卷共发放了 200 份，有效问卷 182 份，其中答题不完整的被视为无效问卷。本次调查中共覆盖了 5 个年龄层，分布及比例如表 1 所示。

表 1 调查对象年龄层

年龄层	频数	百分比
18 岁及以下	74	16.0
19～22 岁	185	40.0
23～30 岁	137	29.6
31～40 岁	60	13.0
41 岁及以上	7	1.5

访谈法的目的是对新浪微博用户对于网络实名制的了解程度、态度等数据进行有效收集。本研究中采用的是结构式访谈的方法，访谈对象有 3 名，通过判断抽样的方式，对一些新浪微博粉丝量较大的博主进行访谈，了解其微博信息真实度，以及其对于微博实名制的看法和对微博实名制的评价等。访谈对象微博认证分别为：中国图库签约摄影师、摄影博主，粉丝量 10650；时尚美妆博主、时尚美妆视频自媒体，粉丝量 35 万；知名军事博主、军事视频自媒体，粉丝量 130 万，且三位访谈对象每天都在使用微博。

四 研究发现

(一)频数分析

1. 用户信息真实度

由表2可知,在我们所调查的463位新浪微博用户中,性别真实的用户最多,占总调查人数的86.2%;而生日真实的用户最少,占总调查人数的58.1%。可以得到大致的趋势是涉及个人的私密信息,这类信息的真实度会越低。

表2 用户信息真实度

基本特征	频率	百分比
性别真实	399	86.2
所在地真实	299	64.6
生日真实	269	58.1

2. 用户活动特征

由表3可知,新浪微博用户主要倾向角色为点赞者,发布者所占比例最少。在行为选择中,当喜爱的明星遭受攻击时,选择反击的用户只占38.2%;63.1%的微博用户产生过举报不法行为的想法;参与对热议人物讨论的用户占50.5%;意见不同时参与讨论的用户占49.5%;意见不同时转发的用户占46.9%。可以得知,用户在对待与自己的不同意见时,采取行为的概率会有所降低。

3. 了解程度

我们对认证的所需信息做频数分析,结果如表4所示,可以看出,大部分人虽然认为有效身份证件、邮箱、手机号码是认证的必要条件,但是对正确认证方式仍然很模糊。其中,绝大部分用户认为手机号码是认证的必要信息,其次为有效身份证件,最后为邮箱。

表3 用户活动特征

选项		频数	百分比
倾向角色			
	围观者	146	31.5
	点赞者	152	32.8
	转发、评论者	139	30.0
	发布者	26	5.6
行为选择			
	喜爱的明星遭受攻击后反击	177	38.2
	产生过举报不法行为的想法	292	63.1
	参与对热议人物的讨论	234	50.5
	意见不同时参与讨论	229	49.5
	意见不同时转发	217	46.9

表4 认证所需信息

认证方式	频数	百分比
认为有效身份证件是认证的必要信息	331	71.5%
认为邮箱是认证的必要信息	281	60.7%
认为手机号码是认证的必要信息	369	79.7%

4. 个人评价

如图1、图2所示，大部分新浪微博用户认为，微博实名制最大的优点是能够遏制谣言等虚假信息的传播，只有少部分人认为微博实名制能够清理网络水军。同时，大部分人担心由于技术上还未成熟，客观上无法保证大量个人信息的安全，较少人认为会在一定程度上限制了言论自由，从而降低了社会监督的力度。

5. 接受程度

由图3可知，微博实名制实施后，58%的用户选择认证后继续使

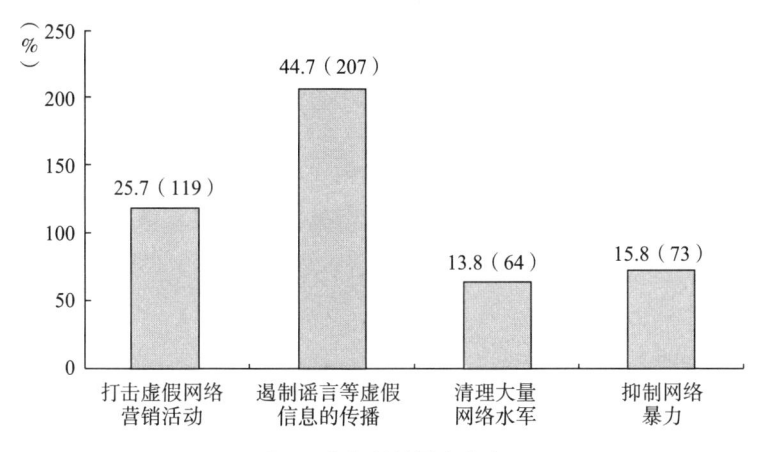

图1 实名制的最大优点

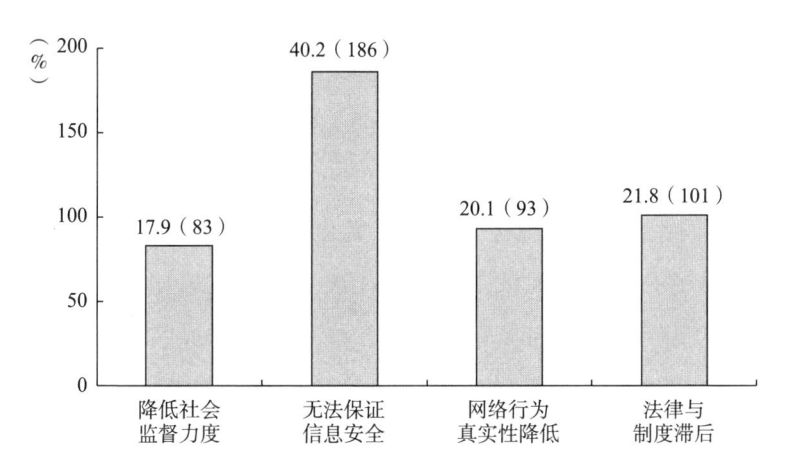

- 打击虚假网络营销活动：25.7（119）
- 遏制谣言等虚假信息的传播：44.7（207）
- 清理大量网络水军：13.8（64）
- 抑制网络暴力：15.8（73）

图2 用户对实名制的担忧

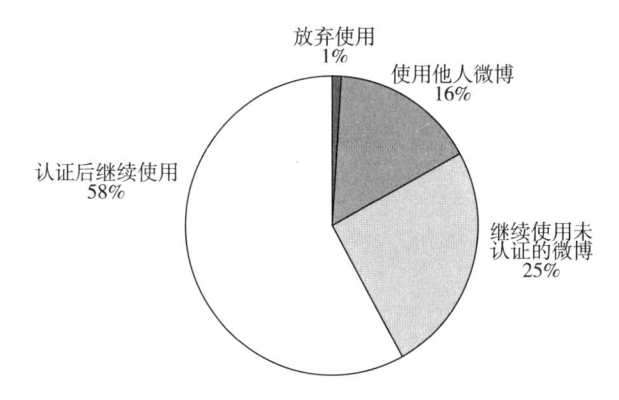

- 降低社会监督力度：17.9（83）
- 无法保证信息安全：40.2（186）
- 网络行为真实性降低：20.1（93）
- 法律与制度滞后：21.8（101）

图3 实名制实施后用户行为选择

- 认证后继续使用：58%
- 继续使用未认证的微博：25%
- 使用他人微博：16%
- 放弃使用：1%

用,但也有1%的用户选择放弃使用微博,25%的用户选择继续使用未认证的微博。由图4可知,52%的用户赞成实施实名制,29%的用户反对实施实名制。

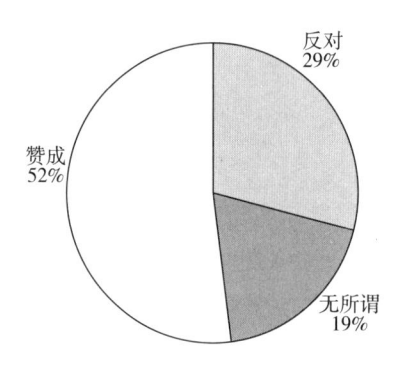

图4 用户对实名制的态度

(二) 交叉表分析

1. 主观接受度与客观接受度的交叉分析

对主观接受度与客观接受度做交叉表分析,结果如表5所示,主观接受度与客观接受度存在显著相关,有些人虽然赞成实施实名制,但实施后仍有20.1%的人选择继续使用未认证的微博;在反对实名制的用户中,实施后放弃使用微博的仅有3.7%。

表5 主观接受度与客观接受度的交叉分析

主观接受度	渐进 Sig（双侧）	Pearson 卡方	客观接受度（%）			
			放弃使用	使用他人微博	继续使用未认证微博	认证后继续使用
反对	0.000	40.752	3.7	20.6	19.1	56.6
无所谓			1.1	12.5	16.6	39.8
赞成			0.0	13.8	20.1	66.1

2. 关注热点与主观接受度的交叉分析

对于主观接受度与关注热点进行交叉表分析,结果如表6所示,娱乐类、游戏类、美食类、旅游类与时政类热点对主观接受度存在显著影响，其中关注时政类热点的用户大部分反对实施实名制，而关注其他四类热点的用户，赞成实施实名制的用户也只是略多于反对实名制的用户。

表6 关注热点与主观接受度的交叉分析

关注热点	渐进 Sig（双侧）	Pearson卡方	态度（%）		
			反对	无所谓	赞成
娱乐类	0.000	39.743	38.8	20.1	41.2
游戏类	0.014	8.566	22.2	25.7	52.1
美食类	0.000	21.846	37.9	16.5	45.6
旅游类	0.000	16.235	37.4	15.1	47.5
时政类	0.000	104.734	51.1	13.0	35.9

（三）相关分析

如表7所示，微博用户对实名制的主观接受度与其信息真实度、对实名制的了解程度、参与程度、角色倾向、活跃程度以及使用时间均存在相关关系。其中信息真实度和了解程度与主观接受度呈正相关，而后四者则与主观接受度呈现负相关的关系。另外，微博用户对实名制的客观接受度与其年龄以及参与程度呈现相关关系，但从相关系数的数据来看，这两个因素与客观接受度的相关性都很微弱，不能由此推断它们之间的具体关系。

表7 相关分析结果

	信息真实度	了解程度	参与程度	角色倾向	活跃程度	使用时间	年龄
	主观接受度						
r	0.674	0.764	-0.790	-0.665	-0.471	-0.210	0.030
p	0.000	0.000	0.000	0.000	0.000	0.000	0.569

续表

	信息 真实度	了解 程度	参与 程度	角色 倾向	活跃 程度	使用 时间	年龄
客观接受度							
r	0.076	0.092	-0.105	-0.034	-0.006	-0.022	-0.103
p	0.139	0.076	0.356	0.510	0.932	0.676	0.049

五 主要结论与政策建议

（一）微博实名制接受度影响因素

1. 微博使用情况

经过调查发现，用户的关注热点、参与程度、角色倾向、活跃程度及使用时间对微博实名制接受度均存在不同程度的影响。

首先，对于关注热点，我们发现反对微博实名制的用户主要关注热点为时政类，赞成的用户关注热点有娱乐类和游戏类。微博作为我国目前普遍使用的信息交流和沟通平台，在给用户提供便利的信息获取途径的同时，也提供了一个发表言论、监督评论时政的平台，由于这些言论通常更为敏感，造成的社会影响也更大，因此，关注时政类热点的用户更为排斥微博实名制。而娱乐类和游戏类容易产生不同立场，不够理智的用户会因为自己的"爱豆"[①]或战队而攻击他人，言辞激烈、虚假信息较多，尤其娱乐明星长期占领微博热搜，更容易造成微博秩序的混乱，因此关注这些热点的用户支持实名制，希望以此规范微博秩序，肃清微博风气。

> 我认为目前微博的秩序较为混乱，内容参差不齐，很多人的评

---

① 网络流行词，英文 Idol 的音译，意为偶像，是粉丝对偶像的昵称。

论会尖酸刻薄。此外，微博上有很多虚假新闻，对我造成了很大的困扰。我大体支持微博实名制，国外很多社交网站也是实名注册。但是实名制应该建立于言论自由之上。

（2018年3月1日，知名军事博主、视频自媒体）

其次，参与程度、角色倾向、活跃程度及使用时间与微博实名制主观接受度呈负相关关系，即月均登录频次越高、在微博中角色越深入、参与度越高以及使用时间越长的用户，他们对实名制的主观接受度越低。这是因为月均登录频次越高、在微博中角色越深入、参与度越高以及使用时间越长的用户，在微博上发言也越多，免不了受到"水军""喷子"或其他与之意见不合的用户的攻击，容易造成用户理智的丧失，因此，便越有可能在微博上发表不当言论。

2. 信息真实程度

在被调查的463位微博用户中，从性别到所在地再到出生日期，信息真实度随着个人信息的私密程度依次降低。并且，信息真实度与用户的主观接受度呈正相关关系，即信息真实度越低越不赞成实施实名制。同时，对于实名制最大的担忧，大部分用户选择了"由于技术上还未成熟，客观上无法保证大量个人信息的安全"一项。在访谈中，访谈对象也表达了自己对个人信息泄露的担心。

微博实名制可以使用户在发表言论时有所顾忌，有利于网监部门追查责任，营造良好网络环境。但它使用户隐私无法得到保护，更容易被"人肉"，在这种信息爆炸的时代，这一点还是非常让人担忧的。

（2018年2月20日，摄影博主）

微博实名制有利于控制"键盘侠"肆无忌惮的言论，有利于规范社交平台的秩序。但可能会让社交平台没有那么能随心所欲地交流，也许我会隐藏自己的真实想法，对个人的信息可能也会产生泄露，前几年类似于徐玉玉这样因为信息泄露而产生的电信诈骗案还是让人非常痛心的。

（2018年3月4日，时尚美妆博主、视频自媒体）

近年来，人肉搜索和网络诈骗事件频发，人们越来越重视自己的个人隐私，这也许是部分用户信息真实度较低的原因之一。但不可否认有些用户将网络的匿名性当作自己"畅所欲言"的"保护伞"，这也就解释了为什么信息真实度与用户的主观接受度呈正相关关系，而一旦实施了实名制，意味着自己被搜索到的可能性增大，遭到打击报复的可能性也就增大。当然，如果信息保密技术过关便不会产生这类问题，但明显我国目前的信息保障技术还未完全成熟。

3. 实名制了解程度

首先，通过调查我们发现部分网民对微博实名制是不完全了解的，主要表现为对实名制认证需要的信息以及实名制认证方式的模糊。在访谈过程中我们也发现，受访者或不知道微博实名制，或对微博实名制不关心，即使知道微博实名制也并不了解其内涵、要求以及具体实施的方式和微博实名制如何发挥其作用。

不算是很了解微博实名制，对于完成实名制的条件也不是很清楚，在微博里我只有手机号和微博账号绑定，不知道这是不是实名制的一种方式，实名制或许与身份识别系统联动会有利于追究不当言论。

（2018年2月20日，摄影博主）

其次，我们发现了解程度与用户的主观接受度和客观接受度均存在正相关，即对微博实名制的了解程度越高，用户对实名制的接受度也越高。这说明政府及相关部门虽然实施了这项政策，但并没有进行相应的教育和宣传，使得大部分微博对其目的产生顾虑，对其效果表示怀疑。

4. 社交产品的可替代性

通过相关分析可以发现，在一些指标上行为表现不同的微博用户对于微博实名制的接受度在主观层面存在较大差异，有人赞同也有人反对，但是在客观层面，却并不存在太大差异。例如，大部分参与程度高、活跃程度高、倾向扮演积极角色的用户，他们虽然更倾向于反对实名制，但是客观上多数还是选择认证后继续使用微博。有些人虽然赞成实施实名制，但实施后仍有 20.1% 的人选择继续使用未认证的微博；在反对实名制的用户中，实施后放弃使用微博的仅有 3.7%。

事实上，类似于新浪微博的社交软件会关注用户的喜好，如用户最频繁的互动对象、分享或评论的内容，将这些因素集合成一种算法，并在之后只展示用户可能感兴趣的内容，从商业角度来讲这很容易理解：微博希望用户能反复使用他们的服务，所以肯定展示用户喜欢的内容，通过大大小小的交互细节，使用户出现"行为上瘾"，对微博形成成瘾性依赖。当微博用户离不开微博之后，在无其他产品可替代的情况下，推出实名制，不管用户对于政策持有何种态度，只要他们想要继续接受微博的服务，就必须接受实名制，通过身份认证之后继续使用。而针对这个现象，国外有 Facebook、Twitter、Instagram、VK、Tumblr 等社交媒体，相比之下国内的微博则缺乏相关的替代品，这种潜在的垄断地位使得用户们没有太多的选择，也使得推进微博实名制缺乏更多切实有效的用户体验数据作为改善依据。这可能就是为什么行为表现不同的微博用户对于微博实名制在主客观层面存在较大差异的原因。

（二）政策建议

微博实名制的出发点是整顿微博秩序，端正微博风气，但同时也带来了相应的挑战。首先就是技术的挑战。2017 年 3 月，360 补天漏洞响应平台发布了《2016 年网站泄露个人信息形势分析报告》，报告显示，在2016年，会导致实名信息和行为信息泄露的网站漏洞分别占58.5%和62.4%，可能分别多达42.3亿条和40.1亿条的信息（董丝雨、蒋齐光，2017）。可见，实名制规范网络秩序的同时，也增加了信息泄露的风险，而要想减少甚至杜绝这一风险，就要求信息安全保障技术的完善。其次便是制度的挑战，包括政策的保障和相关法律的完善。我国在网络安全方面相对于其他发达国家发展得较缓慢，因此也缺乏相应的制度建设。最后便是对人们固有观念的冲击。"人人都是信息发布者"这一"低门槛"的微博信息分享机制让用户得以行使舆论监督的权力，尤其是对政府官员的腐败、社会不公等现象及时给予揭发，网络的匿名表达权给了普通公民心理的安全感。而实名制实施却缺乏相应的教育和宣传，增加了这种对公权力制约的外在压力，冲击着人们心理的安全防线，有可能会降低公民参与对公权力监督的热情。为此，我们提出以下建议。

1. 完善相关信息安全保障技术

第一，开发相关身份认证系统。自手机卡开始实名之后，通过手机号码即可查询到用户注册的信息，手机验证码认证也成为我国实名制认证的主要方式，但此方式存在较大的漏洞和局限性。因此，未来我们需要着重开发新的身份认证系统，利用不同电子身份认证技术之间的互认，将公民身份认证系统与网站数据库对应起来；同时提高后台运营者的技术水平，研究在认证过程中如何对用户信息进行加密，提高信息安全指数。

第二，关注网络安全应急技术。《网络空间安全国家战略》一书提出，网络信息安全应急响应检测预警机制是网络信息安全的最后一道防线。因此，除了完善信息安全保障技术之外，我国还应该注重网络安全应急机制的建立，如杀毒软件与防火墙的加强和完善，以及其他虚拟现实技术的应用等。目前常用的网络安全应急技术主要包括防火墙技术、入侵检测系统、数字加密技术、访问控制技术、防病毒软件和网络追踪技术。其中，防火墙技术、入侵检测系统和访问控制技术都是防止非法用户入侵、控制对计算机访问的技术，数字加密技术和防病毒软件则可以保护网络内信息不被识别和盗取，网络追踪技术可以分析入侵事件、追踪入侵来源，这些技术作为主要的网络安全应急技术，对信息安全的保障起到重要的作用。

2. 健全个人信息保护法律法规

第一，进行专门立法，保护公民个人信息安全。美国于 1974 年便通过了《隐私权法》，就"行政机关"对个人信息的采集、使用、公开和保密问题做出详细规定；日本政府于 2003 年 5 月颁布的《个人信息保护法》，规制了个人信息持有处理者的企事业单位行为；加拿大的《隐私法》也规范了加拿大联邦政府和机构收集、使用和披露个人信息的行为，明确规定了公民个人信息的范围，制定收集、使用、处理公民个人信息的规则，规定了管理者泄露、滥用用户个人信息和其他公民对个人信息不法收集、利用应负的法律责任。

第二，完善跨"全程段"的实名信息收集、保密与提取机制。一方面要加强对运营商的管理，在收集用户信息前与用户签订服务合同，以格式条款的方式对运营商行为进行约束，服务合同条款应与网民进行协商，同时由公安机关或者其他政府部门进行备案与监督；另一方面要提高网络后台管理员的行业素质，通过制定行业准入制度筛选网络后台管理员，防止任意人员泄露网民信息，便于对管理人员的监督和后期的追查。在提取公民个人信息时，应明确有权获取公民个人实名信息的主体，规定获取公民个人信息应遵守的程序，聘请专门的技术专家调取，同时由司法人员监督调取过程。此外，有信息不便流出数据库的情况，可试行网络公证保全制度，即将数据电文加密，通过网络公正机构及时固定和保存信息。

3. 加强实名制宣传力度

利用各类媒体对实名制进行宣传。首先让更多的用户了解实名制；其次利用舆论热点进行正确引导，打消用户顾虑。经数据分析可以得到，在微博中信息关注点不同的用户和主要活动不同的用户对微博实名制的态度均存在差异。例如，关注时政类热点的用户大部分反对实施实名制，可能是因为时政热点类问题经常会涉及一些敏感问题、政治问题等，所以应该转变这部分网民的思想，微博实名制只是要求用真实的信息进行注册，以保证能够追踪到那些在微博使用中出现违法行为的用户，并将他们绳之以法。但是日常使用时，微博用户可以根据自己的喜好选择实名使用或匿名使用，从根本上并没有影响到公民的网络匿名表达权，如果网民在使用微博的过程中能够守住道德的底线，合理合法地使用微博，那么微博是否实行实名制对其影响确实不大。

4. 激发市场活力

相比于国外有 Facebook、Twitter、Instagram 等社交媒体，国内的微博则缺乏相关的替代品，这种潜在的垄断地位使得用户没有太多的选择，也使得推进微博实名制缺乏更多切实有效的用户体验数据作为改善依据。因此，推进微博的实名制，可以从激发相关社交媒体行业的活力着手，适当加快鼓励国内类似社交平台的发展，促进该领域的市场竞争，从而为用户提供更多的选择，也能从侧面激励微博在落实实名制政策时更加注重用户体验，提高用户对实名制的接受度。

六 结语

随着社会经济不断发展，中国互联网用户规模持续快速扩大，网络失序现象也越发明显，从 2007 年博客实名认证，再到如今微博要求实名制，这些举措目的在于打击网络上传播谣言、散布污言秽语、发布违规信息等不良现象，如何让实名制更好地发挥作用是摆在我们面前的一道难题。本研究通过问卷调查法和访谈法，定量研究与定性分析相结合，获得第一手的微博用户的特征、使用情况及其对微博实名制的态度，通过分析数据和总结整理访谈材料，得出影响网民对微博实名制接受度的因素，分析微博实名制带来的挑战，从而为微博实名制的进一步实施提出有针对性的建议。

研究发现，影响用户对实名制接受度的因素主要包括微博的使用情况、用户信息真实度、用户对实名制的了解程度和社交产品的可替代性。其中，微博用户的参与程度、角色倾向、活跃程度、使用时间、信息真实度对微博实名制主观接受度呈负相关关系，了解程度对实名制的接受度呈正相关关系，社交产品的可替代性造成了主观、客观接受度的差异。由此总结实名制面临的挑战，包括技术、制度、观念的挑战。针对这些挑战，我们提出了相关政策建议：首先要完善相关信息安全保障技术，包括身份认证系统以及网络安全应急技术；其次，健全个人信息保护的法律法规，进行专门的立法以保护公民个人信息安全，完善实名制信息收集、保密与提取机制；再次，应该加强实名制的宣传力度，除了利用网络媒体对实名制用户进行正确引导，政府也应该有所行动；最后，激发市场活力，促进该领域的市场竞争。

以往的研究多从实名制的配套技术与制度进行定性研究，本文的研究从政策客体——微博用户的角度出发，弥补了现有研究的不足，提供了一个新的研究视角。但由于调查条件和自身调查能力的限制，所得到的调查问卷样本数量以及访谈人数偏少，访谈内容也不够深入。后续的研究可以扩大样本量，进行更大范围的深度访谈，甚至运用大数据的分析方法和工具获取更为全面的用户信息，对本文的结论进行验证。

参考文献

蔡德聪、刘素华，2012，《"网络实名制"与网络不良信息治理》，《中国行政管理》第 11 期。

常杰菊，2011，《基于 PKI 的网络实名认证体系研究与设计》，华中师范大学硕士学位论文。

董丝雨、蒋齐光，2017，《三问网络实名制》，《理论导刊》第 6 期。

范敏、谭立，2009，《实行网络实名制，规范网络行为》，《信息系统工程》第 6 期。

高一飞、蒋炼, 2016,《网络实名制的发展及其规制》,《广西社会科学》第 2 期。

顾丽梅, 2010,《网络参与与政府治理创新之思考》,《中国行政管理》第 7 期。

关振胜, 2008,《浅议数字证书的安全问题》,《信息安全与通信保密》第 11 期。

胡颖, 2012,《中国互联网表达自由的法律规制与保护》,《国际新闻界》第 9 期。

李丽, 2009,《"秩序"还是"自由"——有关网络实名制的思考》,《法治与社会》第 8 期。

刘星, 2012,《论网络实名制在我国的实施》,《法治与社会》第 1 期。

马丁、李丹, 2014,《网络"实名认证,网名上网"技术研究》,《通信技术》第 1 期。

聂跃宏, 2018,《网络实名制下个人信息的法律保护问题初探》,《法制博览》第 1 期。

桑斯坦, 2003,《网络共和国》,黄维明译,上海:上海人民出版社。

陶文昭, 2010,《互联网的政策方略》,《电子政务》第 4 期。

庹继光, 2014,《网络实名制:义务与权利的平衡——以实名网络反腐为例》,《新闻界》第 1 期。

王绘雯, 2013,《微博实名制的行政法分析》,中央民族大学硕士学位论文。

王继林、张键红、王育民, 2004,《基于环签名思想的一种类群签名方案》,《电子学报》第 3 期。

新浪科技, 2018,《微博月活跃用户达 3.92 亿,创上市以来最大数量净增长》,https://tech.sina.cn/i/gn/2018-02-13/detail-ifyrmfmc2341675.d.html?wm=3049-0015。

严则明, 2015,《eID:以网络身份制取代网络实名制》,《国家治理》第 12 期。

杨福忠, 2012,《公民网络匿名表达权之宪法保护——兼论网络实名制的正当性》,《法商研究》第 5 期。

杨志勇, 2012,《理性看待网络实名制》,第 27 次全国计算机安全学术交流会论文集。

袁乐, 2015,《网络实名制的必要性及其实现路径》,《法制博览》第 1 期。

赵娜, 2017,《网络实名制下消费者个人信息权的刑法保护探索》,《法治与经济》第 11 期。

中国新闻网, 2017,《中国网民数量将达 7.6 亿人, "网红经济"趋多元化》, http://news.cnwest.com/content/2017-02/27/content_14530868.htm。

Kurbalija, Gelbstein, 2005,《互联网治理》, 中国互联网协会译, 北京: 人民邮电出版社。

K Fu, C Chan, M Chau, 2013, Assessing Censorship on Microblogs in China: Discriminatory Keyword Analysis and the Real-Name Registration Policy. *IEEE Internet Computing*, 17 (3): 42–50.

Kalathil, Boas, 2001, The Internet and State Control in Authoritarian Regimes. China, Cuba, and the Counterrevolution. *Digest of the World Core Medical Journals*, 6 (8): 577–581.

Xiongwei Hu, Nanzhen Cheng, 2008, Analysis and Research of the Internet Real-Name Authentication System based on the Public Key Infrastructure. 第七届武汉国际电子商务会议, 11: 261–265.

The Difficulties and Countermeasures of the Implementation of China's Network Real Name System

——Survey Based on Sina Microblog Users

Tan Haibo Liang Rongrong

Abstract: With the advent of the Internet era, network disorder has become a major hidden danger of social harmony. As the information sharing and communication platform commonly used in China, microblog plays a significant role in public opinion monitoring, communication and governance. Therefore it is especially important to use microblog as a sally port to rectify the network order. Based on the characteristics of Sina Microblog users, this paper studies the acceptance degree of microblog users on microblog real-name system, explores the implementation dilemma of China's network real-name system, and proposes corresponding countermeasures such as improving relevant systems, ensuring information security, strengthening real-name system propaganda, and stimulating market vitality.

Keywords: Network Order; Microblog Real-name System; Characteristics of Sina Microblog Users; Information Security; Market Vitality

关键词共现的政府数据治理热点主题和前沿趋势

——基于 Citespace 的科学知识图谱方法

朱 琳[*]

【摘要】 大数据和人工智能等信息技术的发展使人们的生活和工作方式发生深刻的变化。本文对政府数据治理相关主题的 CSSCI 论文进行聚类文献分析的知识图谱梳理,从政府数据治理的研究现状、研究热点、发展趋势、共引分析四个方面展开,通过对已有文献进行可视化科学知识图谱比较和分析,把握大数据政府治理的现状和发展趋势。

【关键词】 大数据;政府治理;科学知识图谱;CiteSpace

一 问题的提出

信息技术,尤其是大数据和人工智能技术已成为推动社会经济发展的重要引擎,是加强政府治理创新的核心动力。信息技术的发展和应用对政府的治理变革、治理方式以及决策模式都提出了新的挑战。数据是从信息时代向智能时代迈进的基石。智能时代,数据作为一种新的生产资料,给社会发展带来更多的应用价值。2015 年 3 月李克强总理提

---

[*] 朱琳,博士,华东理工大学社会与公共管理学院副教授,研究领域为数据治理、智慧城市、大数据和人工智能信息政策。

出"互联网+"的战略,党的十八大三中全会提出"推进国家治理体系和治理能力现代化"。习近平总书记提出要网络强国,明确指出网络在中国特色社会主义的国家治理体系中的战略地位和核心作用,要求加快大数据部署,深化大数据应用。一系列指导性纲领文件的出台为政府数据治理提供了新的机遇和挑战。国家信息中心发布的《2015中国信息社会发展报告》指出,2015年全国信息社会指数达到0.4351,这说明我国正处于工业社会向信息社会的加速转型期,信息科技的发展为政府数据治理提供了较为成熟的环境。中国互联网络信息中心(CNNIC)发布的第42次《中国互联网络发展状况统计报告》提出,截至2018年6月,我国网民规模达8.02亿,互联网普及率为57.7%;2018年上半年新增网民2968万人,较2017年末增长3.8%;我国手机网民规模达7.88亿,网民通过手机接入互联网的比例高达98.3%。庞大的网民群体,海量数据的产生,使得对政府信息化管理和服务水平的要求也不断升级。数据的传播速度、容量增长及使用价值的变化,加剧了数据的不确定因素影响;数据背后隐藏的数据价值和数据红利的前瞻性预测,促使政府思维变革,推动了治理时代到来(耿亚东,2016)。在这样的背景下,加快政府数据开放共享,推动资源整合,提升治理能力,引领大数据政府治理成为学界的研究热点。数据治理作为政府治理变革的必然趋势,学界一直在探索如何规范数据和政府治理,实现新时代的政治发展和治理创新。因此,有必要梳理数据和政府治理的研究热点和发展趋势。

本研究的问题包括:①政府数据治理研究近年来的热点是什么?②政府数据治理研究的关联性如何?③政府数据治理研究的趋势是什么?④政府数据治理研究还有什么研究空间?

二 研究设计

面对科学知识呈爆炸式增长的挑战,科学知识图谱和知识可视化方法正成为一种有效获取知识和探测知识前沿的新手段，备受知识前沿梳理和文献研究者的青睐（盛明科，2017）。科学知识图谱是近年来科学计量学、信息计量学等领域比较新兴的研究方法，不仅能揭示知识来源及其发展规律，而且以图形表达相关领域知识结构关系与演进规律（Chen，2010；陈悦、刘则渊，2005；李杰，2017）。可视化的知识图谱工具包括 Citespace、Vosviewer、Bibexcel 等。Citespace 是引文网络可视化工具，能够绘制可视化的被引图谱、关键词图谱和时区视图，动态识别共引聚类、关键节点和研究热点（Chen，2017；李杰、陈超美，2016）。通过 Citespace 等工具进行数据挖掘、科学统计、信息处理，能以可视化的图谱直观呈现科学知识的知识图谱分析。本研究采用科学计量学中的知识图谱分析方法，对大数据、政府治理文献数据进行科学计量。通过共词分析，对大数据政府治理的发展阶段、代表性学者、机构及其合作网络进行梳理，对数据促进政府治理现代化背后所隐含内容和信息进行深入解读，通过高频关键词聚类分析，提炼政府数据治理的研究热点，结合突显词分析，揭示政府治理的知识基础和发展脉络。运用 Citespace 知识可视化分析对中文社会科学引文数据库政府数据治理主题文献进行计量分析，揭示大数据政府治理知识的发展进程与结构关系，挖掘政府数据治理知识单元与知识群之间的互动、交叉、演化等关系，发现政府数据治理的研究前沿及其发展趋势。

三　大数据政府治理的研究分析

为分析近年来中国学术界对数据政府治理研究关注度的变化，本文使用所有字段＝"政府"＆"数据＆治理"作为检索词在中文社会科学引文（CSSCI）进行学术检索，如图 1 所示。检索文献发表时间为 2011～2017 年，剔除会议通知等不相关的文献，共计 79 篇文献。其中 2011 年 2 篇，占 2.5%；2012 年 5 篇，占 6.3%；2013 年 3 篇，占 3.8%；2014 年 8 篇，占 10.1%；2015 年 21 篇，占 26.6%；2016 年 9

篇，占 11.4%；2017 年 31 篇，占 39.2%。我国政府数据治理的研究从 2011 年的 2 篇开始，到 2015 年出现第一个高潮。

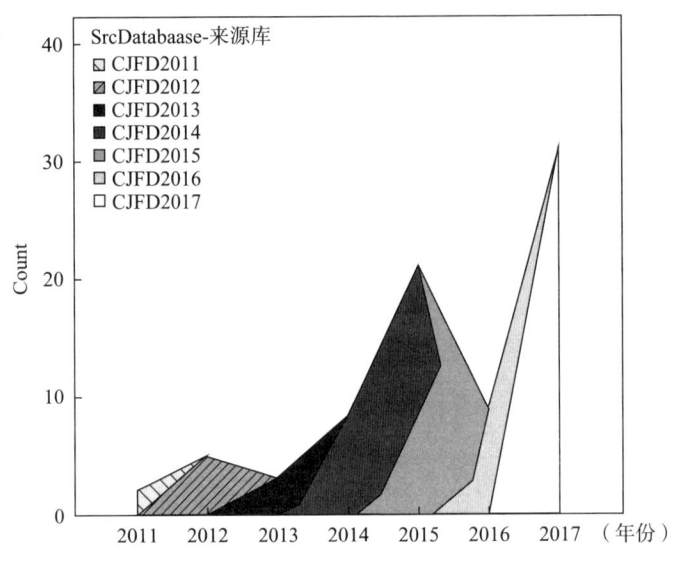

图 1　CSSCI 政府数据治理主题关注度（2011～2017 年）

（一）大数据政府治理的研究现状

随着我国国家治理体系和治理能力现代化的发展，政府数据治理作为信息化和智能化的催化剂，可以促进政府简政放权，提高科学决策能力，优化数据服务流程。未来学代表作家阿尔文·托夫勒的《第三次浪潮》和丹尼尔·贝尔的《后工业社会的来临》，掀起了新技术革命和未来革命的浪潮（陈振明，2015）。杰里米·里夫金的《第三次工业革命》和《零边际成本的社会》，显现了建立在互联网和新能源结合、物联网合作共赢基础上的新经济形态或范式。2012 年 4 月 21 日，《经济人》发表了保罗·麦基里的《第三次工业革命：制造业与创新》，该文指出生产进入数字化阶段，以 3D 打印为方向，改变了社会的方方面面，也促使新兴业态发展迅速，带来了第四次工业革命或第二次机器革命，也是国内政府数据治理在经济和社会因数字化而发生重大的转折（埃里克·布莱恩约弗森、安德鲁·麦卡菲，2014）。大数据的广泛应用对社会产生深远的影响,也对政府治理变革起着重要推动作用,将推动政府治理理念、治理体系、治理方式的创新(于瑶,2018)。

(二)大数据政府治理的研究热点

利用 Citespace 文献关键词(Keywords)做共现网络的知识图谱分析,观测政府数据治理的学术热点,从政府数据治理研究演化路径的知识图谱和大数据、政府治理、环境治理、公众参与 4 个高频热点词,可以清晰地看到 2014 年政府数据治理以大数据、政府治理为关键词展开政府数据治理的研究;2015 年以治理能力为关键词展开政府数据治理研究;2016 年旨在通过公众参与和地方政府建设、环境治理展开研究;2017 年通过网络治理、社会治理、政务信息公开、智慧、数据开放等内容展开研究。通过图 2 可以清晰看出政府数据治理研究领域的发展脉络。

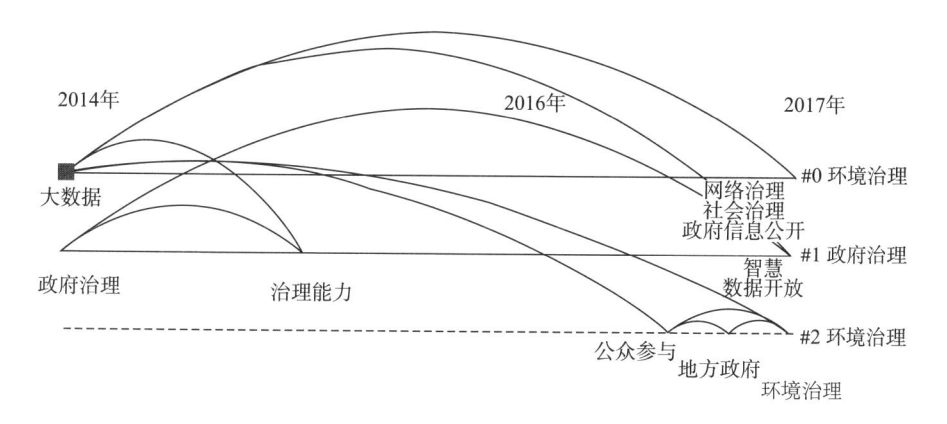

图 2 政府数据治理研究演化路径的知识图谱

对学术论文中的关键词进行共现网络分析,有助于把握大数据政府治理研究领域的学术热点。对政府数据治理主题关键词进行共现网络分析,以文献关键词为节点,每年度为一时间片段,阈值项选择"Top N per slice",阈值设定为每一个时间片段选择前 30 个高频节点数据,通过聚类分析、Keywords 选择和 LLR 算法生成,对政府数据治理文献的关键词共现网络进行可视化分析,生成大数据政府治理研究的关键词共现网络图谱。选择 Top N = 30，就是选择每年前 30 位的关键词作为高频节点形成关键词共现网络（见表1）。

表1 政府数据治理的聚类

聚类号	文献数量	聚类紧密程度	平均年份	Label（LLR）对数似然率标签词
0	6	0.785	2016	国家治理（16.94, 1.0E-4）；大数据（11.51, 0.001）；政府信息公开（11.32, 0.001）；社会治理（11.32, 0.001）；政府（11.32, 0.001）；数据治理（11.32, 0.001）；国家审计（11.32, 0.001）；平权治理（11.32, 0.001）；网络治理（11.32, 0.001）；政策决策（11.32, 0.001）；政府审计（11.32, 0.001）；环境治理（9.12, 0.005）；地方政府（6.78, 0.01）；审计质量（5.67, 0.05）；引导（5.67, 0.05）；合作治理（5.67, 0.05）；跨部门政府数据共享（5.67, 0.05）；政府新媒体（5.67, 0.05）；政府透明度（5.67, 0.05）；审计机关（5.67, 0.05）；腐败治理（5.67, 0.05）；数据权力（5.67, 0.05）；小数据（5.67, 0.05）；价值（5.67, 0.05）；治理法（5.67, 0.05）；协同治理（5.67, 0.05）；审计客体（5.67, 0.05）；精准化治理（5.67, 0.05）；政府数据开放（5.67, 0.05）；经济责任审计（5.67, 0.05）；三公经费（5.67, 0.05）；循数治理（5.67, 0.05）；整体法律框架（5.67, 0.05）；案例研究（5.67, 0.05）；创新路径（5.67, 0.05）；网络社会（5.67, 0.05）；政府信息资源（5.67, 0.05）；参与式治理（5.67, 0.05）；线上政府（5.67, 0.05）；绩效审计（5.67, 0.05）；政府透明度建设（5.67, 0.05）；信息传播（5.67, 0.05）；整体性治理（5.67, 0.05）；公众参与（5.62, 0.05）；透明政府（4.77, 0.05）；治理能力（2.21, 0.5）；媒介使用（2.21, 0.5）；数据开放（2.21, 0.5）；智慧（2.21, 0.5）；绩效满意度（2.21, 0.5）；政府环境数据开放（2.21, 0.5）；数据开放共享（2.21, 0.5）；中央政府（2.21, 0.5）；商务智能（1.23, 0.5）；军事情报（1.23, 0.5）；竞争情报（1.23, 0.5）；情报分析（1.23, 0.5）；生物医学（1.23, 0.5）；信息公开（1.09, 0.5）；财力缺口（1.09, 0.5）；政务公开（1.09, 0.5）；电子政务（1.09, 0.5）；美国（1.09, 0.5）；政府数据治理（1.09, 0.5）；数据分类（1.09, 0.5）；财政分权（1.09, 0.5）；环境污染（1.09, 0.5）；智能化政府（1.09, 0.5）；空气污染治理（1.09, 0.5）；数据收费（1.09, 0.5）；支出责任（1.09, 0.5）；公共品（1.09, 0.5）；数据权属（1.09, 0.5）；政府决策（1.09, 0.5）；面板数据（1.09, 0.5）；创新（1.09, 0.5）；政府治理（0.92, 0.5）
1	4	0.529	2015	政府治理（37.99, 1.0E-4）；治理能力（16.41, 1.0E-4）；数据开放（16.41, 1.0E-4）；智慧（16.41, 1.0E-4）；信息公开（8.22, 0.005）；政务公开（8.22, 0.005）；电子政务（8.22, 0.005）；美国（8.22, 0.005）；政府数据治理（8.22, 0.005）；数据分类（8.22, 0.005）；财政分权（8.22, 0.005）；智能化政府（8.22, 0.005）；数据收费（8.22, 0.005）；公共品（8.22, 0.005）；数据权属（8.22, 0.005）；

续表

聚类号	文献数量	聚类紧密程度	平均年份	Label（LLR）对数似然率标签词
1	4	0.529	2015	面板数据（8.22，0.005）；创新（8.22，0.005）；大数据（5.78，0.05）；环境治理（4.5，0.05）；地方政府（3.35，0.1）；商务智能（3.21，0.1）；军事情报（3.21，0.1）；竞争情报（3.21，0.1）；情报分析（3.21，0.1）；生物医学（3.21，0.1）；公众参与（2.78，0.1）；透明政府（1.66，0.5）；国家治理（1.65，0.5）；政府信息公开（1.09，0.5）；社会治理（1.09，0.5）；媒介使用（1.09，0.5）；绩效满意度（1.09，0.5）；政府（1.09，0.5）；数据治理（1.09，0.5）；国家审计（1.09，0.5）；平权治理（1.09，0.5）；网络治理（1.09，0.5）；政策决策（1.09，0.5）；政府审计（1.09，0.5）；政府环境数据开放（1.09，0.5）；数据开放共享（1.09，0.5）；中央政府（1.09，0.5）；审计质量（0.54，0.5）；引导（0.54，0.5）；财力缺口（0.54，0.5）；合作治理（0.54，0.5）；跨部门政府数据共享（0.54，0.5）；政府新媒体（0.54，0.5）；政府透明度（0.54，0.5）；审计机关（0.54，0.5）；腐败治理（0.54，0.5）；数据权力（0.54，0.5）；小数据（0.54，0.5）；价值（0.54，0.5）；治理法（0.54，0.5）；协同治理（0.54，0.5）；审计客体（0.54，0.5）；精准化治理（0.54，0.5）；政府数据开放（0.54，0.5）；经济责任审计（0.54，0.5）；环境污染（0.54，0.5）；三公经费（0.54，0.5）；循数治理（0.54，0.5）；整体法律框架（0.54，0.5）；案例研究（0.54，0.5）；创新路径（0.54，0.5）；网络社会（0.54，0.5）；政府信息资源（0.54，0.5）；空气污染治理（0.54，0.5）；参与式治理（0.54，0.5）；支出责任（0.54，0.5）；线上政府（0.54，0.5）；绩效审计（0.54，0.5）；政府透明度建设（0.54，0.5）；政府决策（0.54，0.5）；信息传播（0.54，0.5）；整体性治理（0.54，0.5）
2	3	0.941	2017	环境治理（64.32，1.0E-4）；地方政府（48.33，1.0E-4）；公众参与（40.32，1.0E-4）；媒介使用（16.19，1.0E-4）；绩效满意度（16.19，1.0E-4）；政府环境数据开放（16.19，1.0E-4）；数据开放共享（16.19，1.0E-4）；中央政府（16.19，1.0E-4）；财力缺口（8.11，0.005）；环境污染（8.11，0.005）；空气污染治理（8.11，0.005）；支出责任（8.11，0.005）；政府决策（8.11，0.005）；政府治理（4.04，0.05）；国家治理（1.7，0.5）；透明政府（1.7，0.5）；政府信息公开（1.13，0.5）；社会治理（1.13，0.5）；商务智能（1.13，0.5）；治理能力（1.13，0.5）；军事情报（1.13，0.5）；数据开放（1.13，0.5）；智慧（1.13，0.5）；竞争情报（1.13，0.5）；政府（1.13，0.5）；情报分析（1.13，0.5）；数据治理（1.13，0.5）；生物医学（1.13，0.5）；国家审计（1.13，0.5）；平权治理（1.13，0.5）；网络治理（1.13，0.5）；政策决策（1.13，0.5）；政府审计（1.13，0.5）；信息公开（0.56，0.5）；审计质量（0.56，0.5）；引导（0.56，0.5）；政务公开（0.56，0.5）；合作治理（0.56，0.5）；电子政务（0.56，0.5）；跨部门政府数据共享（0.56，0.5）；政府新媒体（0.56，0.5）；美国（0.56，0.5）；政府透明度（0.56，0.5）；审计机关（0.56，0.5）；腐败治理（0.56，0.5）；政府

续表

聚类号	文献数量	聚类紧密程度	平均年份	Label（LLR）对数似然率标签词
2	3	0.941	2017	数据治理（0.56，0.5）；数据权力（0.56，0.5）；小数据（0.56，0.5）；价值（0.56，0.5）；治理法（0.56，0.5）；数据分类（0.56，0.5）；协同治理（0.56，0.5）；审计客体（0.56，0.5）；精准化治理（0.56，0.5）；财政分权（0.56，0.5）；政府数据开放（0.56，0.5）；经济责任审计（0.56，0.5）；三公经费（0.56，0.5）；循数治理（0.56，0.5）；整体法律框架（0.56，0.5）；案例研究（0.56，0.5）；智能化政府（0.56，0.5）；创新路径（0.56，0.5）；网络社会（0.56，0.5）；政府信息资源（0.56，0.5）；参与式治理（0.56，0.5）；数据收费（0.56，0.5）；公共品（0.56，0.5）；数据权属（0.56，0.5）；线上政府（0.56，0.5）；绩效审计（0.56，0.5）；政府透明度建设（0.56，0.5）；信息传播（0.56，0.5）；面板数据（0.56，0.5）；整体性治理（0.56，0.5）；创新（0.56，0.5）；大数据（0.36，1.0）

政府数据治理的关键词聚类按照 TOP N = 30，提取每年前 30 个关键词进行分析，Q 值 = 0.5509，S = 0.8512，表明该研究聚类效果好，图 3 中 + 节点代表一个关键点，其大小代表该关键词出现频次高低，不同颜色深浅代表不同年份，连线的多少则说明关键词共现的系数，连线越多代表相互间联系越紧密。按照词频分布特征，齐鲁夫定律结合图 3 可知，当前国内大数据政府治理研究热点主题与规律主要有以下三类。

聚类 0#，文献数量 6 篇，紧密程度为 0.785，平均年份为 2016 年，主要高频词是国家治理，其权重是 16.94；大数据权重是 11.51；政府信息公开、社会治理、政府、数据治理、国家审计、平权治理、网络治理、政策决策及政府审计权重是 11.32，说明 2016 年政府数据治理热点研究是围绕大数据时代的国家治理转型发展，通过大数据政府治理，改变传统的行政管理模式，向多元共治、开放共享、扁平管理、科学决策和预测风险模式发展。

聚类 1#，文献数 4 篇，紧密程度 0.529，平均年份为 2015 年，主要高频词是政府治理，其权重是 37.99；治理能力、数据开放和智慧权重是 16.41，说明 2015 年政府数据治理热点研究是基于我国智慧政府治理、政府数据开放模式探索，以及权力监管与地方政府治理水平的关系。

聚类#2，文献数3，紧密程度0.941，平均年份为2017年，环境治理权重64.32，地方政府权重48.33，公众参与权重40.32，媒介使用、绩效满意度、政府环境数据开放、数据开放共享及中央政府权重16.19，说明2017年政府数据治理热点研究是基于公众参与的政府数据治理模式，通过社群的多元共治，消除国家概念的驱使，将政府数据治理的公共政策体现为利益集团的博弈。研究结果显示，政府数据开放可以推动治理创新，改革数据管理体制，加强市场合作，调动公众的积极性。同时政府数据治理通过大数据技术结合各种模型，形成对数据治理的有效模式，实现了政府科学决策、精细化管理和多元共治管理运维。

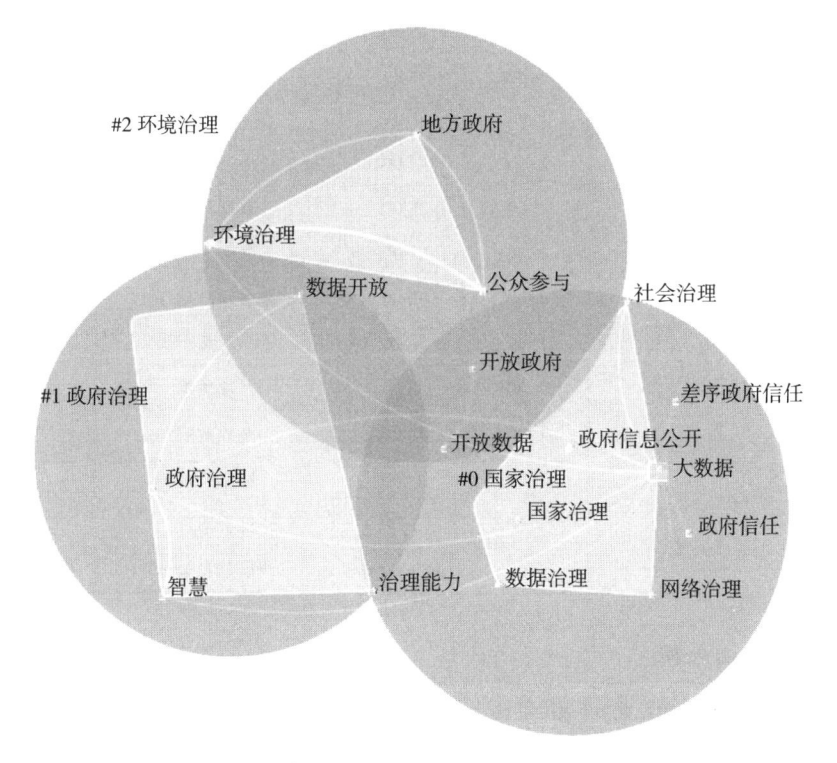

图3　政府数据治理的聚类关键词的可视化

（三）大数据政府治理的前沿趋势

政府数据治理的关键词按照 TOP N = 30，提取每年前30个热词进行分析,共计提取文献33篇,政府数据治理的研究主要分为三大类,#0类主要是基于国家治理的研究,#1类主要是基于政府治理的研究,#2类主要是基于政府数据环境治理的研究。

表2 大数据政府治理的热点关键词

聚类号	出现频次	突现度	中心度	关键词	年份
0	31	1.00	0.96	大数据	2014
1	21	1.00	0.19	政府治理	2014
2	4	1.00	0.08	环境治理	2017
2	2	1.00	0.08	公众参与	2017
0	4	1.00	0.00	国家治理	2014
1	4	1.00	0.00	治理能力	2015
2	3	1.00	0.00	政治信任	2015
2	3	1.00	0.00	地方政府	2017
0	2	1.00	0.00	数据治理	2017
0	2	1.00	0.00	网络治理	2017
2	2	1.00	0.00	差序政府信任	2015
1	2	1.00	0.00	智慧	2017
2	2	1.00	0.00	开放数据	2015
2	2	1.00	0.00	开放政府	2015
1	2	1.00	0.00	数据开放	2017
0	2	1.00	0.00	社会治理	2017
0	2	1.00	0.00	政府信息公开	2017

1. 共词分析

共词分析是信息计量学中的一种内容分析方法,运用统计方法计算词对在同一篇论文中共同出现的频次,得到共现矩阵,进而将共词矩阵转换为共词网络。共词分析目前广泛地应用在当前的科学计量、科学知识图谱、学科热点及主题结构研究中(李杰,2018)。

共词分析是指当两个能够表达某一学科领域研究主题或研究方向的专业术语在同一篇文献中出现时,表明这两个词之间具有一定的内在关系,并且出现的次数越多,表明它们的关系越密切、距离越近。共词分析包括聚类和多尺度分析两种关键词分析,因此,采用 Ochiia 系数将政府数据治理中的关键词共现矩阵转化为相关矩阵和相异矩阵,相关矩阵行和列数值越大,两者关联性越大,反之越弱;同时为了减少数据误差,用1减去相关矩阵,就可以得相异矩阵。在相异矩阵中,行和列之间数值越小,两者关联越大,反之越小。

关键词是文献主题的高度经凝练和概括,代表着一篇论文的精髓和核心所在,为了使分析结果更加准确,本文对 CSSCI 数据库的文献借助 SATI(Statistical Analysis Tool for Infometrics)软件提取得到的 100 个关键词,以100个关键词为样本展开高频关键词矩阵研究。

相关矩阵显示政府治理和环境治理、社会治理、国家治理、政策干预、公众参与、政府、政治信任、协同治理、开放数据、国家审计、腐败治理、绩效评价、差序政府信任、政府审计、政府数据治理、政府信息公开、信访、透明政府、网络治理、代际差异、官员特征等70项因素显著相关(见表3)。

表3 政府数据治理的高频关键词的相关矩阵(部分)

	大数据	政府治理	地方政府	治理能力	环境治理	社会治理	国家治理	政府干预	公众参与
大数据	1	0.237	0	0.129	0.0323	0.0726	0.0726	0	0.0108
政府治理	0.237	1	0	0.0435	0	0	0	0	0
地方政府	0	0	1	0	0.25	0	0	0	0.0833
治理能力	0.129	0.0435	0	1	0	0	0	0	0
环境治理	0.0323	0	0.25	0	1	0	0	0	0.3333
社会治理	0.0726	0	0	0	0	1	0	0	0
国家治理	0.0726	0	0	0	0	0	1	0	0
政府干预	0	0	0	0	0	0	0	1	0
公众参与	0.0108	0	0.0833	0	0.3333	0	0	0	1

相异矩阵显示政府治理与大数据、智慧、数据开放、治理能力、互

联网技术、数据收费、OFDI、政务公开、市场化程度、政府改革、数据权属、金融深化、智慧政府、公众幸福感、地方政府贷款、PPP、智能化、门限回归、反腐败、区域企业自生能力、治理框架、数据分类、整体性治理、政府开放数据、财政分权、面板数据、数据治理、开放数据30个高配关键词之间存在相异性（见表4）。

表4 政府数据治理的高频关键词的相异矩阵（部分）

	大数据	政府治理	地方政府	治理能力	环境治理	社会治理	国家治理	政府干预	公众参与
大数据	0	0.763	1	0.871	0.9677	0.9274	0.9274	1	0.9892
政府治理	0.763	0	1	0.9565	1	1	1	1	1
地方政府	1	1	0	1	0.75	1	1	1	0.9167
治理能力	0.871	0.9565	1	0	1	1	1	1	1
环境治理	0.9677	1	0.75	1	0	1	1	1	0.6667
社会治理	0.9274	1	1	1	1	0	1	1	1
国家治理	0.9274	1	1	1	1	1	0	1	1
政府干预	1	1	1	1	1	1	1	0	1
公众参与	0.9892	1	0.9167	1	0.6667	1	1	1	0

2. 聚类分析

对79篇政府数据治理CSSCI文献聚类分析后，发现政府数据治理与OFDI、PPP、中国政治、互联网技术、交易成本、信息传播、信访、公众参与、公众幸福感、公共政策、公共管理、区域企业自身能力、反腐败、发展、合作治理、国家治理、地方政府债务、大数据、市场化程度、平权治理、开放政府、政务公开、政府、政府信息公开、政府开放数据、政府改革、政府数据开放、政府治理、政府治理成本、政府能力、教育治理能力、数据分类、数据开放、数据收费、数据权属、数据治理、整体性治理、整体法律框架、智慧、智慧政府、智能化、模式借鉴、治理框架、治理能力、环境治理、现代化、社会治理、社会矛盾、网络信访、网路治理、财政分权、责任政府、透明政府、金融深化、门限回归、面板数据具有重要相关性。政府数据治理与其他高频关键词显示为不重要。这个聚类结果和高频词相关分析结果相同（见图4）。

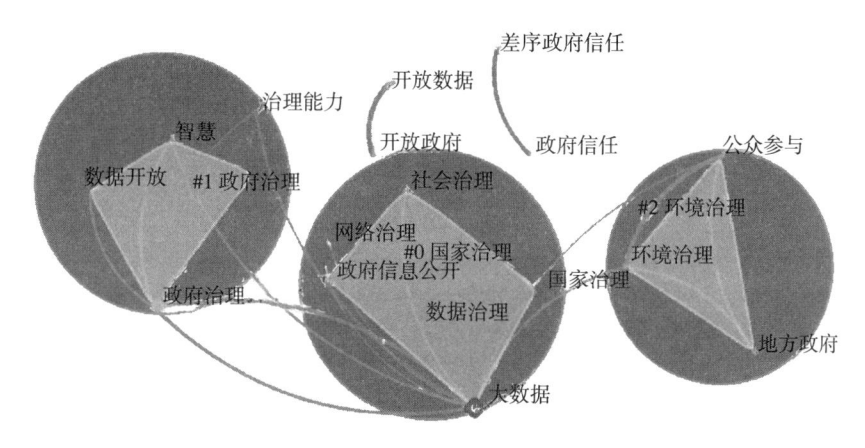

图4 政府数据治理的高频关键词的聚类分析可视化（部分）

政府数据治理研究从国家治理、政府治理、环境治理三个层面展开。聚类#0 是从政府数据治理的宏观层面进行解释和分析，主要高频词有国家治理、大数据、政府信息公开、社会治理、政府、数据治理、国家审计、平权治理、网络治理、政策决策及政府；聚类#1 从政府数据治理的微观层面展开分析，主要高频词有政府治理、治理能力、数据开放和智慧。聚类#2 主要是从环境治理进行分析，主要高频词有环境治理、地方政府、公众参与、媒介使用、绩效满意度、政府环境数据开放、数据开放共享及中央政府权重。79篇政府数据治理 CSSCI 的高频词文献聚类结果如图5。

聚类分析结果如下。

聚类#0，主要是对国家治理的研究，从政府信息公开、政府数据治理、政府网络治理和国家治理四个层面进行展开，政府信息公开从政府数据开放的整体框架到政府审计与腐败协同治理展开；政府数据治理从大数据推动政府治理创新路径到政府数据治理的问题、原因和对策展开；政府网路治理从线上政府的构建到政府网络数据的传播展开；而国家治理则从不同情报领域的区域展开对政府数据治理的探索性研究。

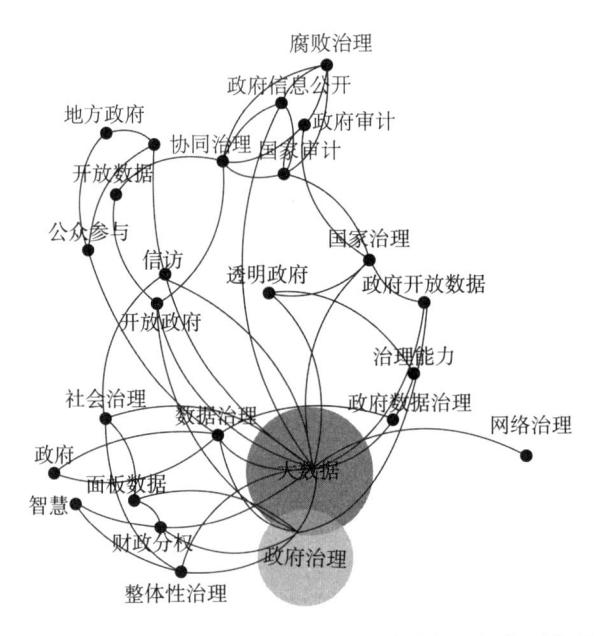

图 5 政府数据治理的高频关键词的聚类分析可视化（部分）

王向民（2014）对政府数据治理的形态转变展开大数据规划、法律法规、透明政府以及挑战政府权力分析，探索科学化、民主化、精细化的国家大数据决策监管模式运维的构架，展开国家数据治理的前沿研究。朱荣（2014）提出规范国家审计治理功能，促进大数据对透明政府构建的理念。张海波（2017）通过大数据驱动社会治理，展开国家政府数据治理的前沿研究。王芳（2017）阐述跨部门数据共享的意义和影响，分析我国东部与南部沿海地区跨部门政府大数据应用的管理研究，从共享数据存在的诸多问题及其成因，提出相关政策建议。何渊（2017）指出政府信息公开阐述政府数据开放的整体法律框架为我国开放数据保驾护航。孟天广（2017）研究政府新媒体在推动线上政府大数据开放、提升政府回应性和引导网络舆论中发挥着积极作用。李广建、江信昱（2014）从军事情报和竞争情报两个视角，研究竞争情报、商业管理、生物医药、政府治理及军事情报的情报分析的差异性影响，研究发现情报分析就是对数据进行加工、挖掘和分析的一种专门表达形式。任志峰（2014）对大数据背景下的政府"循数"治理理念、实质、影响及举措展开探索性研究，分析国家数据治理的新思路。王会金（2017）则从政府信息公开视角，指出展开大数据对政府审计、推进国家反腐倡廉治理的意义，提供了可借鉴的理论和实践参考。耿亚东（2017）从大数据的合作治理视角，阐述了传统模式对大数据时代国家治理模式的冲击。许欢和孟庆国（2017）通过对数据的汇聚、整合、共享、开放和应用治理的研究，提出政府数据治理的理念、制度、技术、保障等方面提出对策和建议。陈国权（2017）从线上政府的公权力体系构建，分析线上-线下政府纵向秩序的协调机制和发展横向网络治理机制的作用，为国家数据治理提出创新思路。

聚类1#，主要是政府治理的研究，从财政分权的政府治理到智慧政府的治理，从政府数据开放的权属问题到政府数据开放的治理结构和政策体系架构，涉及从大数据时代的国家治理下政府治理的探讨到智慧政府的阐述，从不同侧面阐述了政府治理的研究。李雪松（2014）的政府治理研究，通过面板数据和扎根理论探究财政分权和地方政府治理的影响机制。胡税根（2017）从智慧政府视角，说明大数据、云计算、物联网等新一代信息技术为智慧政府治理的产生提供了支撑条件。智慧政府治理建设对推动政府治理能力现代化具有重要的作用，有助于推进科学决策、加强权力监督、发展协同治理、实现精准服务和推动共享发展。鲍静（2017）从数据开放讨论我国政府数据开放的数据分类、数据权属、数据生命周期、数据规范、数据质量、数据利用和数据收费七个基本问题，为政府数据开放管理后续研究和工作推进给出了一些建议。黄璜（2017）对政府数据开放、信息公开（自由）、个人隐私保护、电子政务、信息安全和信息资源管理等治理结构及政策体系深入研究和探索，为我国政府数据治理提供借鉴。陈之常（2015）从政府治理和治理能力两个方面分析落实大数据框架和配套政府建议。李广建、江信昱（2014）通过政府治理比较情报分析的差异性影响因素，分析政府数据治理提供精细化的决策方案。高小平（2015）论述了大数据与变革体制、创新治理的关系，提出了大数据时代出现创新机遇，为政府数据治理带来新的思路和理念。胡税根（2017）从政府治理和智能两个方面阐述了我国智慧政府治理创新工作与实践探索。

聚类#2，涉及从公众参与的环境治理到空气环境的协同治理，从公众参与的影响作用到政府财政与空气污染的影响，从多个视角展示了国内环境治理与政府数据开放的关联。郑明石（2017）提出政府环境数据开放推动公共治理创新，有助于良性互动机制的构建。郑明石、刘佳俊（2017）分析空气环境信息管理平台的资源共享和协同治理，形成政府数据开放的另一个领域的拓展研究，最终为政府数据治理提供科学决策。李子豪（2017）对公共参与对地方政府环境治理的影响的面板数据进行分析，建议地方政府重视公众参与在环境治理中的重要作用，形成公众有效参与环境立法、监督环境执法、促进环境投资的环境治理新局面。王华春、于达（2017）通过278个城市面板数据，量化分析地方政府财政与支出与城市环境污染物排放量之间的关系，进行了对政府数据开放另一个领域的实证研究。周全（2017）对新媒体应用的分析，阐述新媒体对政府数据治理的影响因素，从另一个领域拓展了政府数据治理。

（四）基于被引文献的政府数据治理

政府数据治理的引文文献按照 TOP N = 50，提取 2011~2017 年每年发表论文的前50篇引文文献进行分析，提取引文文献作者158篇，政府数据治理的经典引文文献研究主要形成三大类：聚类#0、聚类#1 和聚类#5。聚类#0 主要是基于地方政府治理，聚类#1 主要是基于政府治理研究，聚类#5 主要是基于治理框架的研究。

聚类#0，基于地方政府治理，以徐继华（2014）和涂子沛（2014）为代表。徐继华（2014）从大数据思维进行对地方政府公共服务需求的深入研究和探索，为大数据政府治理的技术变革，乃至社会变革及大数据政府治理提供可操作的网格化管理经验和借鉴意义。涂子沛（2014）自从大数据战略、数据治国和开放数据三个方面分析了中国政府大数

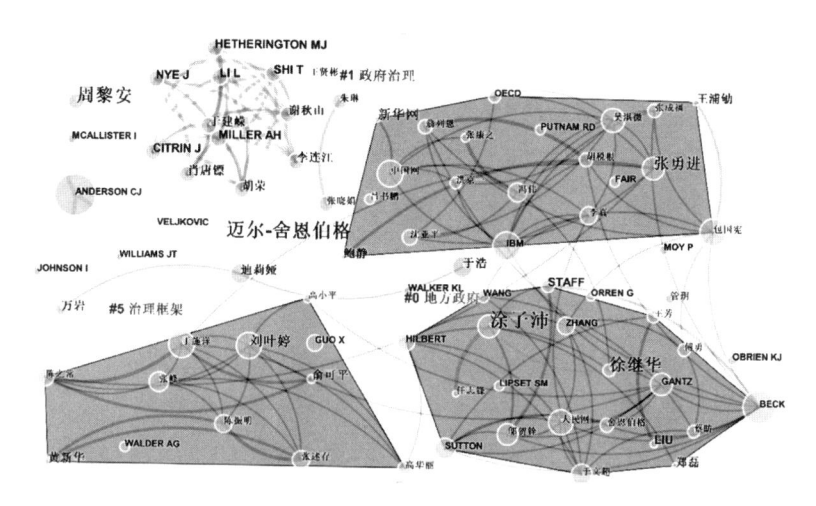

图 6　大数据政府治理的引文文献分析

据治理之后，着眼于美国数据文化分析数据治国之道和我国数据治理的未来远景。

聚类#1，基于治理框架研究，以黄新华（2015）和刘叶婷（2014）为代表。黄新华（2015）对大数据时代数据治理主体多元化、治理内容预防化和治理载体自动化等政府数据治理变革展开深入研究和探索，针对大数据时代政府治理面临的开放数据安全、海量数据困扰、数据盲目依赖、大数据人力匮乏、数据价值无法体现等挑战，为政府数据治理的转型发展提供必要选择。刘叶婷（2014）从动态政府数据治理展开对社会经济、政治结构、技术变革和文化环境等综合影响因素分析，为政府数据治理的体系框架和有效保障及具体实践提供理论依据。

聚类#5，基于政府治理研究，以张勇进（2014）、鲍静（2017）为代表。张勇进（2014）分别从政府数据治理的战略框架规划、数据治理政策和政府数据实践三个方面分析各国政府数据治理顶层政策与配套落实方案。鲍静（2017）从政府数据治理体系的架构角度对国家大数据中心、政府数据治理体系的资源整合和数据进行开放研究。

政府数据治理的引文文献主要是从政府数据治理的国家治理、地方政府和政府数据治理的治理框架方面展开，政府数据治理从政府数据治理的顶层设计、体系框架和实施应用方面展开政府数据治理的研究。

四　结论

本文通过共现关键词的政府数据治理可视化研究，利用科学计量方法揭示国内政府数据治理的问题和瓶颈，深入研究政府数据治理的问题所在。通过引入引文分析和社会网络分析，了解政府数据治理的核心要素。尽管政府数据治理更偏重于实际应用，但考虑到国内政府数据治理还处在发展阶段，有必要在政府数据治理早期进行方向和发展脉络的探索，解析国内政府数据治理的问题，为后期政府数据治理变革提供理论依据和发展思路。

(一) 随着技术的发展、政策的发布，研究的深入性逐年增加

技术给科学研究提供了基石。技术不仅对行政行为产生影响，也提升了公众参与的程度。本研究从政府内部行为更多走向了治理层面，强调开放、参与、共享。同时，各种政策的出台，也提高了研究的热度，2015 年 21 篇论文，占 26.6%；2017 年 31 篇，占 39.2%。我国政府数据治理的研究论文从 2011 年 2 篇开始，到 2015 年出现第一个高潮，然后从 2017 年开始，研究热度持续增加。

(二) 政府数据治理的研究热点逐年变化，关联度不同

通过共现网络的知识图谱分析，观测政府数据治理的学术热点，从政府数据治理研究演化路径的知识图谱和大数据、政府治理、环境治理、公众参与 4 个高频热点词，可以清晰地看到 2014 年政府数据治理以大数据、政府治理为关键词展开政府数据治理的研究；2015 年以治理能力为关键词展开政府数据治理研究，热点研究是我国智慧政府治理、政府数据开放模式探索，以及权力监管与地方政府治理水平的关系；2016 年政府数据治理研究热点是大数据时代的国家治理转型发展，

对公众参与和地方政府建设、环境治理为展开研究,通过大数据政府治理,改变传统的行政管理模式,向多元共治、开放共享、扁平管理、科学决策和预测风险模式发展;2017年对网络治理、社会治理、政务信息公开、智慧、数据开放等内容展开研究,政府数据治理研究热点是基于公众参与的政府数据治理模式,相关研究认为,通过社群的多元共治,消除国家概念的驱使,将政府数据治理的公共政策体现为利益集团的博弈。研究结果显示,政府数据开放可以推动治理创新,改革数据管理体制,加强市场合作,调动公众的积极性。同时政府数据治理通过大数据技术结合各种模型,形成数据治理的有效模式,实现了政府科学决策、精细化管理和多元共治管理运维。

(三) 研究的发展趋势更加微观,更注重数据资产化研究

国家治理的研究,在政府信息公开、政府数据治理、政府网络治理和国家治理四个层面展开,政府信息公开关注政府数据开放的整体框架到政府审计与腐败协同治理;政府数据治理关注大数据推动政府治理创新路径到政府数据治理的问题、原因和对策;政府网路治理关注从线上政府的构建到政府网络数据的传播问题;而国家治理则从不同情报领域的区域展开政府数据治理的探索性研究。政府治理涉及从财政分权的政府治理到智慧政府的治理,从政府数据开放的权属问题到政府数据开放的治理结构和政策体系架构,从大数据时代的国家治理下的政府治理的探讨到智慧政府的阐述,从不同侧面阐述了政府治理。从公众参与的环境治理到空气环境的协同治理,从公众参与的影响作用到政府财政与空气污染的影响,上述内容从多视角展示了国内环境治理与政府数据开放的关联。

政府数据治理研究热点从2015年的政府治理到2016年的大数据时代治理,再到2017年的环境治理,说明我国政府数据治理研究趋势从宏观层面向中观和微观层面发展,大数据给地方政府数据治理带来了新的机遇和挑战,要充分考虑大数据的内在特性,充分利用大数据带来的发展契机。数据已成为资产,要给予更多的关注,数据治理研究趋向于数据内源性,应关注数据的价值性研究。

(四) 政府数据治理研究仍然存在很大的研究空间

研究发现,在数据权属、数据隐私和数据保障体系以及人才培养方面存在一定的研究空间,需要合理借鉴和参考国外的成功经验与教训,在总结国外政府数据治理经验的同时,结合我国自身发展趋势和现有条件的基础,构建一套纵横结合、扁平化管理的政府数据治理的体系,从顶层设计、法律法规、理论框架、运维模式、多元治理、科学评价、风险预警、隐私保护、数据安全、简政放权、智能监管、辅助决策等多方面实施政府数据治理的战略,优化政府服务流程,提升政务服务效能。

参考文献

埃里克·布莱恩约弗森、安德鲁·麦卡菲,2014,《第二次机器革命》,蒋勇军译,北京:中信出版社。

包昌火,1990,《情报研究方法论》,北京:科学技术文献出版社。

鲍静、张勇进、董占广,2017,《我国政府数据开放管理若干基本问题研究》,《行政论坛》第 1 期。

陈国权、孙韶阳,2017,《线上政府:网络社会治理的公权力体系》,《中国行政管理》第 7 期。

陈悦、刘则渊,2005,《悄然兴起的科学知识图谱》,《科学学研究》第 23 期。

陈振明,2015,《政府治理变革的技术基础——大数据与智能化时代的政府改革述评》,《行政论坛》第 6 期。

陈之常,2015,《应用大数据推进政府治理能力现代化——以北京市东城区为例》,《中国行政管理》第 2 期。

高小平,2015,《借助大数据科技力量寻求国家治理变革创新》,《中国行政管理》第 10 期。

耿亚东,2016,《大数据对传统政府治理模式的影响》,《青海社会科学》第

6期。

耿亚东，2017，《大数据时代政府治理面临的挑战及其应对》，《中州学刊》第2期。

何渊，2017，《政府数据开放的整体法律框架》，《行政法学研究》第6期。

黄璜，2017，《美国联邦政府数据治理：政策与结构》，《中国行政管理》第8期。

黄新华，2015，《整合与创新：大数据时代的政府治理变革》，《中共福建省委党校学报》第6期。

胡税根、王汇宇、莫锦江，2017，《基于大数据的智慧政府治理创新研究》，《探索》第1期。

胡税根、王汇宇，2017，《智慧政府治理的概念、性质与功能分析》，《厦门大学学报》（哲学社会科学版）第3期。

李杰，2017，《科学计量与知识网络分析方法与实践》，北京：首都经济贸易大学出版社。

李杰、陈超美，2016，《科技文本挖掘及可视化》，北京：首都经济贸易大学出版社。

李广建、江信昱，2014，《不同领域的情报分析及其在大数据环境下的发展》，《图书与情报》第5期。

李雪松、冉光和，2014，《中国式分权、政府治理与农村公共品供给研究——基于省级面板数据FGLS与System-GMM实证》，《预测》第1期。

李子豪，2017，《公众参与对地方政府环境治理的影响——2003－2013年省际数据的实证分析》，《探索与争鸣》第8期。

刘叶，2014，《大数据对政府治理的影响及挑战》，《电子政务》第6期。

孟天广，2017，《信息、传播与影响：网络治理中的政府新媒体——结合大数据与小数据分析的探索》，《公共行政评论》第1期。

任志锋、陶立业，2014，《论大数据背景下的政府"循数"治理》，《理论探索》第6期。

汤志伟、钟宗炬，2017，《基于CSSCI的国内公共安全研究知识图谱分析》，《现代情报》第37期。

涂子沛，2014，《数据之巅：大数据革命，历史、现实与未来》，北京：中信出版社。

王芳、储君、张琪敏、张亦琛、赵安,2017,《跨部门政府数据共享:问题、原因及对策》,《图书与情报》第5期。

王华春、于达,2017,《财力与支出责任匹配下的地方政府环境治理研究——基于中国278个地级市的面板数据分析》,《经济体制改革》第6期。

王会金、马修林,2017,《政府审计与腐败治理——基于协同视角的理论分析与经验数据》,《审计与经济》第6期。

王洛忠、闫倩倩、陈宇,2018,《数字治理研究十五年:从概念体系到治理实践——基于CiteSpace的可视化分析》,《电子政务》第4期。

王向民,2014,《大数据时代的国家治理转型》,《探索与争鸣》第10期。

盛明科,2017,《中国政府绩效管理的研究热点与前沿解析——基于科学知识图谱的方法》,《行政论坛》第2期。

维克托·迈尔-舍恩伯格、肯尼思·库克耶,2013,《大数据时代:生活、工作与思维的大变革》,盛杨燕、周涛译,杭州:浙江人民出版社。

许欢、孟庆国,2017,《大数据推动的政府治理方式创新研究》,《情报理论与实践》第40期。

徐继华,2014,《智慧政府:大数据治国时代的来临》,北京:中信出版社。

张海波,2017,《大数据驱动社会治理》,《经济社会体制比较》第3期。

郑石明,2017,《数据开放、公众参与和环境治理创新》,《行政论坛》第4期。

郑石明、刘佳俊,2017,《基于大数据的空气污染治理与政府决策》,《华南师范大学学报》(社会科学版)第4期。

张勇进,2014,《主要发达国家大数据政策比较研究》,《中国行政管理》第12期。

周全、汤书昆,2017,《媒介使用与政府环境治理绩效的公众满意度——基于全国代表性数据的实证研究》,《北京理工大学学报》(社会科学版)第1期。

朱荣,2014,《国家审计提升政府透明度的实证研究》,《审计与经济研究》第3期。

Chen, C. 2010, The Structure and Dynamics of Co-citation Clusters: A Multiple-Perspective Co-citation Analysis, *Journal of the American Society for Information Science and Technology*, 61 (7): 1386 – 1409.

Chen, C., 2017. Science Mapping: A Systematic Review of the Literature. *Journal of Data and Information Science*, 2 (2): 1 – 40.

Moore DT, 2010. *Critical Thinking and Intelligence Analysis*. Washington, D. C: Joint Military Intelligence College.

Bibliometric Analysis of Government Data Governance Research Trends and Hotspots: An Visual Analysis based on Citespace Ⅲ Knowledge Mapping

Zhu Lin

Abstract: With the arrival of big data era and AI, implementing a big data strategy to better serve the country's development and improve people's live and work. The grounds of big data government governance intervention are widely differently in models of political and economic governance in China. Systematically review the existing literature will help us to research the status quo, research results and development trends of big data government governance, and promote the development of big data government governance code element. By conducting cluster analysis, detecting dynamic hot topics and trends with the knowledge mapping CSSCI papers. This paper aims to map the hotspots and research trends with the big data for the government governance in the field of knowledge mapping, bibliometric analysis the government data governance.

Keywords: Big Data; Government Governance; Knowledge Mapping; Citespace

如何从需求端提升电子政务的建设水平

——评《电子治理与跨边界合作：创新实践与提升工具》

范梓腾*

一 基于公民需求的电子政务发展困境

如何从需求端切实满足公民对线上服务的诉求，从而提升公民对电子政务的使用意愿与满意程度，一直都是世界各国政府信息化建设的核心问题。自 1996 年首个地方政府网站在海南省上线以来，中国电子政务的发展已有 20 多年的时间。然而，由于在地方政府的议事日程中排位优先性较低，电子政务在各地方的发展状况并不令人满意。尤其在市县一级，基于供给端的政府网站更新率和基于需求端的公民使用率的电子政务整体建设仍然处于比较低的水平，"僵尸网站""图片网站"等怪象屡见不鲜。为了解决这一问题，国务院办公厅于 2015 年首次开展全国政府网站普查，并着手将政府网站的抽查工作常态化。另外，通过发布《政府网站发展指引》，并推动建立各级政府门户网站年度工作报表制度，中央政府也尝试从页面设计、栏目设置、信息公开等方面来规范和标准化政府网站建设。然而，与中央政府大力推动电

---

* 范梓腾，清华大学公共管理学院博士研究生。

子政务在供给端的基础硬件和软件建设形成鲜明对比的是，基于需求端的电子政务建设尚未完全走进"寻常百姓家"。例如，我国中南地区某地级市政府所公布的 2017 年政府网站年度工作报表显示，该市政府门户网站的年度信息更新总量为 126585 条，其中信息公开目录信息更新量为 25382 条，但是其网站注册用户数仅为 37832 个，办件总量为 44352 件，网站留言数仅为 2166 条。考虑到该市近 500 万的人口规模，其门户网站的公民覆盖度并不理想。因此，如何充分有效地发挥电子政务便民服务等诸多功效也是困扰当前中国政府电子政务建设的主要难题。

长久以来，"信息孤岛"的存在极大地阻碍了各级政府网上办事能力水平的提升。因部门利益而导致的数据共享困难使得电子政务的深度整合难以实现，从而为公民在线上平台办事带来了极大不便，并进一步降低了公民对以政府网站为代表的电子政务网上平台的使用意愿。根据电子政务与管理信息系统领域的相关研究，用户对信息技术的易用性（Perceived Ease of Use）与有用性（Perceived Usefulness）的认知将显著影响其对新技术的后续使用意愿（Davis，1989）。

自 2013 年以来，新一届中央政府通过大力提倡"互联网＋政务服务"来倒逼各级地方政府对电子政务后台进行数据整合，以尝试更好地将电子政务的政府供给与公民用户的切实需求结合起来，推动电子政务作为政府便民服务有效平台的功能实现，借此进一步增加公民对改革红利的获得感。可以说，推动电子政务的跨部门数据整合是实现"在需求端提升电子政务便民服务水平"的必经阶段与必备条件。但是，如何在电子政务建设的全过程中融入以"公民用户为中心"（Citizen-Centric）的思想理念，并将其有效转化为电子政务在需求端的建设水平提升，对于相关人员来说仍然是一个尚未被完全破解的理论与实践命题。

二 将"以公民为中心"的原则贯穿电子政务建设的全过程

Yu-Che Chen 与 Pin-Yu Chu 主编的《电子治理与跨边界合作：创新实践与提升工具》（*Electronic Governance and Cross-Boundary Collaboration: Innovations and Advancing Tools*）[①] 一书在基于包括美国、日本、中国、印度等跨文化的国家地区的实证情境下，以实践者与研究者各自所不同的视角提出了对于"如何解决基于需求端的电子政务建设水平提升困境"的经验与答案。

该书虽然由一系列研究者与实践者的论文汇编而成，但是全书却有着比较系统与完整的架构体系。具体来说，该书以"如何在实践与理论中提升基于公民需求端的电子政务建设水平"为核心关注点，共分为5个相互联系的有机组成部分，并分别从跨边界整合、以公民为中心的电子治理、评价工具与电子治理评估、电子治理的制度与政治面向、电子治理前沿五个方面展开论述。下面，本文将分别就各个核心章节的要点，并结合当前中国电子政务实践的基本情况进行简要概述。

在第一章"跨边界整合"（Cross-Boundary Integration and Collaboration）中，作者围绕电子政务的信息共享与整合提出了一个能够为信息化决策服务的"政府信息共享"（Government Information Sharing）的框架。作者认为，政府部门首先需要培育出能够支撑电子政务可持续发展的信息共享能力（IS Capacity）。然而，信息共享能力的产生不仅涉及政府对新技术的接受能力与应用方式，也与组织制度和组织文化有着密切的关系。因此，实践者只有在充分了解"信息共享"这一行为背后的支撑与基础的情况下，才能够设计出台切实有效的推动电子政务整合共享的政策方案。实际上，根据作者的介绍，已有大量相关研究在尝

[①] Yu-Che Chen, Pin-Yu Chu, *Electronic Governance and Cross-Boundary Collaboration: Innovations and Advancing Tools*. PA: Igi Global. 422PP, 2011.

试探索可用于解释政府信息共享行为的理论框架，其中以戴维（Dawes，1996）和兰斯伯格、沃肯（Landsbergen & Wolken，2001）的成果最为突出。在吸收经典的管理信息系统领域（MIS）的文献基础上，戴维从收益（Benefit）和风险（Risk）两个角度构建逻辑链条。而兰斯伯格和沃肯则基于阶段论的视角认为，信息共享的实现路径需要依次经历三个阶段。在第一阶段，通常出现的是单个机构与单个机构的"两两交换"共享。在此基础上，第二阶段的政府信息共享行为则通常包括具有交互式（Interoperability）操作特征的基础设施建设。而到了第三阶段，电子政务的信息共享与整合则需要实现政府部门间在管理机制和运作流程方面的融合与协作。可以说，既有的研究成果为我们提供了一个理解政府信息共享的基础性框架。但是，伴随着改革实践的推进，人们越来越多地意识到，组织制度与文化因素在信息技术应用过程中所发挥的方方面面的影响作用。芳汀（2001）的"技术执行框架"是早期研究者理解和诠释这一现象的集中呈现。因此，在借鉴吸收组织理论的相关研究成果的基础上，区分了"共享经验""基础设施支持""信息战略"三个方面，每个方面又细分为四个维度，据此提出了一个可供实践指导的分析框架。

在"以公民为中心的电子治理"（Citizen-Centric E-governance）一章中，作者站在用户的角度，以公民的电子政务使用意愿和行为作为核心因变量，探索了其影响因素。例如，在"用户特性与公共电子服务质量关系的全球比较"（Global Comparative Study on the Relationship between User's Traits and Public E-Service Quality）一文中，相较于以往研究主要从技术特征、组织制度等外在客观环境寻找解释变量的路径，作者转而从用户自身的特征入手，具体来说包括用户的"技术意愿"（Technology Readiness）、"技术焦虑"（Technology Anxiety）、"参与倾向"（Engagement Tendency）、"互动需要"（Need for Interaction）、"风险认知"（Perceived Risk）、"期望"（Expectation）以及"公共电子服务质量认知"（Public e-Service Quality）等方面，并以此构造了包含识别中介变量与作用机制在内的结构方程模型。通过对同一模型在电子政务实践前沿地区台北和东京的实证检验，研究者发现，参与倾向/风险认知→公共电子服务质量认知→电子服务满意度，这一逻辑链条构成了解释两地电子服务绩效差异的共同影响路径。具体来说，"参与倾向"对于"公共电子服务质量认知"来说有正向影响效应，"风险认知"对"公共电子服务质量认知"有负向影响效应，而"公共电子服务质量认知"则会正向促进公民对电子服务的满意度。而相比较而言，"期望"作为连接公民与电子服务满意度的中介变量在两地的实证检验中都没有凸显出显著的影响效应。综合来看，本研究的重要价值与实践启示在于，提升基于需求端的电子政务建设水平的前提是，政府需要首先了解其所面对和服务的对象在信息技术的接受上到底具备怎么样的基本特征。如同商业领域的用户市场调研一样，只有在摸清服务对象在实际参与线上服务时所可能遇到的客观乃至主观上的困难，电子政务实践者才能够有的放矢，针对性地结合反馈意见来进一步提升电子政务的用户体验，促进电子政务在供给端与需求端的建设上实现"两端融合"。

在第三章"评价工具与电子治理评估"（Evaluation Instrument and E-Governance Assessment）中，作者具体探讨了政府应该采用何种手段来评估电子政务的绩效表现。在"电子政务绩效测量：一条在理论与实践中以公民为中心的路径"（E-Government Performance Measurement: A Citizen-Centric Approach in Theory and Practice）一文中，作者提出了"内部尺度"（Internal Performance Measurement）与"外部尺度"（External Performance Measurement）两条电子政务绩效评估路径。其中，"内部尺度"指的是政府部门依据内部的一套标准规范，结合电子政务在实际运作中所表现的状况来逐一对标，通过对各指标的加权来构建一个综合性的绩效评估体系。而"外部尺度"则指的是政府部门通过问卷调查等手段收集外部的利益相关者对电子政务的评价，并依此构建评估指标的测量手段。相比较而言，"外部尺度"是一种基于需求端公民用户体验的评估方法。由于注重通过问卷收集等方法获得用户的真实使用体验,"外部尺度"的反馈机制使得其能够有效提升公民使用电子政务的满意度和获得感。除了系统对比两种测量方法以外,作者还通过基于美国的调查数据来示范性地构建了一套绩效评估指标。当然,正如该章其他部分所论述的那样,尽管"外部尺度"在电子政务的自我反馈以及修正提升方面起着至关重要的作用,但是它同样面临着诸如数据收集的抽样代表性、回答率等问题。近年来,伴随着中央政府对各级政府网站大力度的普查调研,由各地方政府和第三方机构所开展的网站绩效评估排名在中国方兴未艾。这一系列评估与排名对于监督政府网站的规范建设、吸引地方政府主责领导的注意力、提升电子政务整体应用水平而言有着非常积极的作用。但是,在实际的操作过程中,多数评估的指标设计依据均来源于国务院所发布的网站建设规范,而这些规范又多聚焦于页面设计、栏目设置等电子政务建设的供给端。因此,如何能够在电子政务评估中融入更多体现公民用户体验的测量指标,对于下一阶段中国电子政务绩效评估发展的重要性不言而喻。正因如此,该章对基于需求端的电子政务的外部尺度的介绍与研究在当前中国大力推动电子政务建设的背景下有深刻的现实意义与参考价值。

第四章"电子治理的制度与政治面向"(Institutional and Political Aspects of E-Governance)则聚焦于探讨在电子政务的深度发展(如信息公开透明)中所可能面临的一系列来自既有法律、制度以及文化方面的困境。实际上,由"电子政务"朝向"电子治理"的转变迈进过程本身就是一次对法律、制度与文化的革新过程。例如,该章对中国台湾地区实施信息自由相关规定的案例分析显示,自2005年规章正式出台以来,尽管台湾地区多数机构都遵照要求在网站上公开了相关组织决策信息,但是对于公众获得这些信息的便捷程度来说,其建设效果并不理想。一方面,机构网站并没有设置相应的可供信息索取的在线电子表格。公众仍然需要通过部门专设的电子邮箱来单独申请信息公开。另一方面,相关机构在敏感信息披露上的担忧始终是困扰信息公开与政府透明建设的一个关键因素。这表明,政府的既有体制并没有按照电子政务朝着便民服务发展的方向做出适应性调整。相反，电子政务的建设仍然需要"屈从于"既定的政府运作流程来自我调整。实际上，数据分割、信息孤岛等顽疾的产生多数也来源于各个政府部门早期电子政务建设的碎片化。案例分析表明，推动电子政务应用的深度发展与便民服务，需要政府网站后台的部门支撑（back-office support），具体来说，它需要政府组织能够结合电子政务各发展阶段的要求来进行自我革新与调整。

第五章"电子治理前沿"（New Frontier in E-Governance）则从不同国家与地区的视角结合当地的电子政务发展阶段提出了阶段性的发展展望。

综合来看，该书的各章各有侧重地从不同方面提出了"如何提升电子政务需求端的建设水平"的问题，并相应地给出了自己的解答。第一章对跨部门合作与信息共享的介绍和框架构建为读者勾勒出了理解当前阶段电子政务建设的核心问题。第二章对电子政务建设影响因素的探究为读者解答了究竟可以通过哪些路径来尝试提升处于需求端的公民对电子政务使用的满意度和获得感的问题。第三章对电子政务绩效测量的讨论则为顶层设计者与政策制定者提供了如何在实践和监督中始终保持"以公民为中心"的电子政务建设理念"不偏航"的策略。而第四章则从外在环境的视角剖析了电子政务建设的本质——电子政务的建设绝不仅仅是将一整套既定的政府机构照搬到网上去，而是基于信息技术的特点来对政府的既定运作机制进行重塑，以帮助政府实现更有效率运作，并更好地为公民服务。在第五章，作者们则基于不同文化情境下的实践经验，为读者们展望了电子政务的发展前景。

三 供给与需求：如何调和？

作为公共管理领域的前沿实践，电子政务自其诞生以来便在各时期公共管理思想潮流的影响下呈现出鲜明的差异化特征。自20世纪90

年代以来,伴随着"新公共管理运动"(New Public Management)的勃兴以及互联网信息技术的发展,电子政务应运而生。在早期发展阶段,电子政务的建设思路是在新公共管理运动的框架下进行的。为了解决当时政府运作效率低下的问题,新公共管理运动的诸多实践者提倡"企业家政府"的理念,尝试将企业的管理技术引入到政府的实际运作之中,同时将公民看作"顾客"去服务。由于信息技术在当时企业的广泛普及以及较为成熟的应用,将信息技术引入政府以提升其运作效率便成为电子政务在诞生之初就被赋予的重要使命。在这一时期,由于新公共管理运动对公务人员在政府运作中发挥企业家精神的强调,政府的一系列改革理念更倾向于强调政府以及公务人员在组织运作中自身的主体性。因此,电子政务建设在这一时期的重点在于从供给端入手加强对政府自身的信息化基础建设。而直到"新公共服务"以及"治理"思想兴起以后,人们才开始转而专注基于需求端的电子政务建设。

进入21世纪,伴随着"新公共管理运动"的式微,以及"新公共服务"和"治理"思想的兴起,公共管理的实践者和研究者开始更加关注公民作为主人在政府改革建设中的实际参与。在这一阶段,公民不再是外在于政府、被动接受政府服务的"顾客",而是具有主动性并享有治理权的诸多治理主体之一。在这些诸多"治理"思想中,公民无一不被赋予与政府相近的治理地位。"共同生产"(Coproduction)成为对这一时期理想中"公民-政府"关系的最佳概括。在这一背景下,电子政务的建设也开始更多地涉及"如何满足处于需求端的公民对电子政务的实际诉求,并提升其持续使用意愿"这一核心问题。由此,需要提升公民对电子政务使用的满意度和获得感,使电子政务不仅服务于政府自身的管理运作,更要充分发挥其连接政府与公民的桥梁作用,基于需求端来提升电子政务的建设水平开始成为实践者与研究者的普遍关注点。

实际上,在电子政务的研究领域,大体而言,相关文献也主要从"供给端"与"需求端"两个方面来展开研究工作,尤其是在对"哪些因素会促进/阻碍电子政务发展"这一研究问题的探讨上。从供给端这一角度来展开的研究主要关注"作为电子政务建设主体的政府组织自身的特征及所处环境对电子政务绩效的影响"。而这一研究视角则来源于20世纪80年代工商管理领域对企业采纳技术创新（Technological Innovation）的相关研究。经过大约30年的发展历程，其所关注并验证的影响因素主要包括财政资源、人力资源、规章制度、政治激励以及环境压力等方面。其所借用的理论则主要以技术应用、组织创新、创新扩散、官僚激励等为主，诸如早期芳汀（2001）在"技术执行框架"中对制度规则的关注便是典型例证。在技术应用理论领域，任敏（2017）从组织合法性的视角探讨了新技术在国企组织中应用演变的起起伏伏。谭海波等（2015）则聚焦于政府部门内的行动者与权力利益的关系，在吸收TAM模型的基础上构建了一个用于解释某市政府网上政务服务系统的分析框架。在创新扩散理论的视域下，相关研究重点关注以政府部门新技术创新为特征的电子政务究竟如何在同级政府间横向传播。在这些研究中，李等（Lee et al.，2011）借助经典理论假设尝试从学习效应、规范认知、竞争压力以及公民压力四个方面探讨"究竟什么因素在推动电子政府与电子民主在全球范围内的扩散"。格雷姆里辉森与费内（Grimmelikhuijsen & Feeney，2016）则在美国的情境下结合该理论进一步探讨了其对电子政务建设不同面向（可连接度、透明度、参与度）的影响模式差异。马亮（Ma，2014）则基于中国城市政府的实证情境，探究了中国政府部门的政务微博在短期内的扩散机制。相较而言，从需求端的角度所开展的研究则主要关注用户自身的特征对其电子政务的使用意愿与行为的影响作用。综合来看，这一视角源自20世纪"管理信息系统"（MIS）领域对用户使用新技术意愿的分析，例如90年代早期所提出的技术接受模型（Technology Acceptance Model，TAM）。该模型在吸收诸如"期望理论"的基础上，重点关注的是用户对技术特征的认知（如易用性、可用性、预期收益等）会如何影响其持续使用新技术的态度与行为。郑跃平与其合作者便从认知优势（Perceived Advantage）的角度来分析该变量与公民的电子参与行为之间的关系（Zheng & Schachter，2016）。维尔拉摩托等人（Veeramootoo et al.，2018）则基于系统质量（System Quality）、用户满意度（User Satisfaction）以及习惯（Habit）等经典因素构造了一个综合性的解释框架，并通过毛里求斯的实证数据来进行检验。除此之外，还有相当一部分的文献尝试从数字鸿沟（Digital Divide）的角度来解释公民在电子政务使用上的行为差异。例如，奥库诺拉等（Okunola et al.，2017）尝试从个体的社会经济特征入手展开分析，并借此帮助读者理解"为何公民个体会在先前的互联网使用经验、电脑设施的接触程度以及先前的电子政务使用经验三个方面呈现出显著的模式差异"。

值得一提的是，尽管研究者分别在"供给端"与"需求端"两个维度开展了大量的实证研究工作来增加和积累人们对于这一研究领域的知识，但是极少有研究者能够通过大体量的经验数据来系统地分析一个问题：多年以来，政府在供给端所开展的单向度的电子政务建设是否能够有效地推动公民的电子政务使用意愿与行为？马亮与郑跃平（Ma & Zheng，2017）两位学者基于2012年的欧洲电子政务调查数据首次进行了实证检验。他们的研究发现，基于供给端的电子政务绩效水平与公民的电子信息行为和电子服务行为呈现出显著的负相关关系，而与公民的电子参与行为没有显著关系。这一有趣的研究在理论维度上整合了长久以来相对分割的基于"供给端"与"需求端"的电子政务理论研究；在实践层面，该研究发现对于指导实践者解决"如何更加有效地发挥电子政务在提升公民满意度与信任度上的作用"这一问题极具价值。其重要启示在于，长久以来，政府一厢情愿地投资开展电子政务建设可能并没有起到相应的预期效果。当然，对于这一研究结论在欧洲以外的推广我们应该慎重。但是，如果这一研究发现在中国也具有较强的适用性的话，实践者便需要转变思路和理念，本着更加包容与开放的心态在未来的电子政务建设中更多地吸纳来自用户需求端的公民的意见和建议，将"以公民为中心"真正地贯穿于电子政务的建设全过程。

四 结束语

最后，笔者认为，该书对电子政务在需求端的建设所给予的关注为实践者与研究者提供了很好的方向指南，能够有效避免实践者掉入过度聚焦于电子政务供给端建设而忽略了基于需求端的用户诉求的逻辑陷阱——倘若长此以往，不仅大量的建设经费将被浪费，公民对于政府的满意度与信任感也会逐渐降低。在这个意义上，我们认为该书是极具参考价值的。然而，可能受限于篇幅考量等因素，该书在对"影响电子政务需求端建设的因素"的探究中忽略了对"结构－行动者"因素的综合考量。在该书的现有篇幅内，研究者对"用户自身特征－电子政务使用意愿"这对变量关系进行了卓有成效的实证检验。但是，需要注意的是，用户所处的社会环境及其结构作为重要的情境变量可能对于这对既有的变量关系有着重要而又有价值的调节效应。对社会结构因素的重新关注，也可能从新的视角丰富和增加我们对于这一问题的理论认识和知识积累，我们也期待着研究者能够在今后的工作中进一步尝试从这一视角做出更多的创新性成果。

参考文献

简·芳汀，2001，《构建虚拟政府：信息技术与制度创新》，邵国松译，北京：中国人民大学出版社。

任敏，2017，《技术应用何以成功？一个组织合法性框架的解释》，《社会学研究》第 3 期。

谭海波、孟庆国、张楠，2015《信息技术应用中的政府运作机制研究——以 J 市政府网上行政服务系统建设为例》，《社会学研究》第 6 期。

Davis, F. D., 1989, Perceived Usefulness, Perceived Ease of Use, and User Acceptance of Information Technology, *MIS Quarterly*, 13 (3): 319 - 342.

Lee, C. P., Chang, K. & Berry, F. S., 2011, Testing the Development and Diffusion of E-Government and E-Democracy: A Global Perspective, *Public Administration Review*, 71 (3): 444-454.

Landsbergen, D. Jr, & Wolken, G. Jr., 2001, Realizing the Promise: Government Information Systems and the Fourth Generation of Information Technology, *Public Administration Review*, 61 (2): 206-220.

Grimmelikhuijsen, S. G., & Feeney, M. K., 2016, Developing and Testing an Integrative Framework for Open Government Adoption in Local Governments, *Public Administration* Review, 77 (4): 579-590.

Ma, L., 2014, Diffusion and Assimilation of Government Microblogging: Evidence from Chinese Cities, *Public Management Review*, 16 (2), 274-295.

Ma, L. & Zheng, Y., 2018, Does E-government Performance actually Boost Citizen use? Evidence from European Countries, *Public Management Review*, 20 (10): 1513-1532.

Zheng, Y., & Schachter, H. L. 2016, Explaining Citizens' E-Participation Use: The Role of Perceived Advantages, *Public Organization Review*, DOI: 10.1007/s11115-016-0346-2.

Veeramootoo N., Nunkoo Robin & Dwivedi Y. K., 2018, What Determines Success of an E-Government Service? Validation of an Integrative Model of E-Filing Continuance Usage, *Government Information Quarterly*, DOI: 10.1016/j.giq.2018.03.004.

Okunola O. M., Rowley J., & Johnson F., 2017, The Multi-Dimensional Digital Divide: Perspectives from an E-Government Portal in Nigeria, *Government Information Quarterly*, 34: 329-339.

征稿启事

《数字治理评论》(Digital Governance Review)由教育部人文社会科学重点研究基地中山大学中国公共管理研究中心和中山大学政治与公共事务管理学院创办,是一本致力于推动数字治理领域研究的学术性集刊,由社会科学文献出版社出版,每年出版两卷。

刊物将秉持精益求精的态度,对稿件实行专家匿名评审,以期将其办成具有学术品味和质量的中文刊物。刊物将追踪数字治理理论前沿,回应数字治理实践中面临的问题,倡导规范严谨的学术研究,提升数字治理的研究质量。

本刊每卷刊登10篇左右的论文,主题涉及电子政务、电子服务、网络参与/电子参与、大数据与公共治理、开放数据、社交媒体与公共治理、移动政务、智慧城市等。此外,还有书评栏目,以推介和探讨数字治理领域的最新研究成果。

投稿指引:

(1) 稿件字数在12000字左右为宜。但论述重要问题的稿件可不受此限制。

(2) 请勿一稿多投。如遇到版权问题,均遵照《中华人民共和国著作权法》及有关国际法规执行。

(3) 投稿格式参照本刊稿件体例和已出刊物,并附上作者简介,包括作者真实姓名、职称、职务、工作单位、详细地址、联系电话和电子邮件。

（4）稿件投出三个月后，如未收到回复，可自行处理稿件。

投稿邮箱：digital_governance@126.com

联系人：郑跃平（zheng_yueping@126.com）

《数字治理评论》编辑部

稿件体例

《数字治理评论》（*Digital Governance Review*）采用严格匿名评审制度，致力于为国内外所有有志于中国电子政务、数字治理等研究的人士构建平等的交流平台，营造一个温暖的精神家园。现不拘作者专业、身份与地域，以聚焦数字治理领域为征稿标准，以学术品质为用稿标准，向国内外学术界、实务界热忱征集言之有物、论之有据、符合学术规范、遵守学术道德的论文、书评等。

稿件具体要求如下。

一 稿件形式

以研究性论文为主，字数以 12000 字左右为宜。同时，欢迎理论综述、书评等。

二 格式要求

1. 全文采用 Microsoft Office 软件编排；如打印，请用 A4 纸输出。正文内容以五号宋体、单倍行距编排，页边距上、下、左、右均不小于 2.54 厘米。

2. 稿件首页包括：中文标题、作者有关信息，包括姓名、所在单位、通信地址、邮政编码、联系电话、电子邮件，以及 300 字以内的作者简介。

3. 稿件次页包括：中文标题、英文标题、中文摘要（300 字以内）及中文关键词（3～5 个）、英文摘要（300 字以内）及英文关键词（3～5 个）。如稿件获基金、项目资助，须注明（包括项目编号）。

4. 正文内各级标题处理如下：一级标题为"一、二、三……"，二级标题为"（一）、（二）、（三）……"，三级标题为"1、2、3……"，四级标题为"（1）、（2）、（3）……"。一、二、三级标题各独占一行，其中一级标题居中，二、三级标题缩进两个字符左对齐；四级及以下标题后加句号且与正文连排。

5. 统计表、统计图或其他示意图等，均用阿拉伯数字连续编号，后加冒号并注明图、表名称；<u>表号及表名须标注于表的上方，图号及图名须标注于图的下方，末尾不加标点符号</u>。例："表 1……"、"图 1……"等；如图（表）下有标注补充说明或资料来源，格式为先标注补充说明，再另起一段标注资料来源（后不加句点），具体为："注"须标注于图表的下方，以句号结尾；"资料来源"须标注于"注"的下方，并按"正文引用"格式标注文献。

例 1：

表 3　自变量与官民比的二元相关分析（2006）

变量	与官民比皮尔逊相关系数
县均人口	-0.553***

注：$N=29$，不包括北京和西藏。***、**和*分别表示相关系数通过 0.01、0.05 和 0.10 水平的显著性检验。

资料来源：国家统计局（2007）

三　注释体例

本刊注释体例，主要依照 2001 年美国心理学会出版的 APA 手册（第五版），并结合中文语法结构与写作习惯而定。基本做法是：稿件中凡采用他人研究成果或引述，应在正文中采用括号注与文末列参考文献形式予以说明。以下将按照正文引用、正文注释、文末参考文献三部分加以具体说明。

（一）正文引用

1. 在引文后以圆括号注明作者名（中文名字标注名与姓，外文名字只标注姓）、出版年份及页码。如引文之前已出现作者名，则在名字后直接用圆括号注明出版年份与页码。

例2："……"（Waldo，1948：25-27）

例3：夏书章（2003：3）认为"……"。

2. 正文中括号注的具体规范为：被引用著作作者超过3位（包括3位），只列第一作者，中文文献后加"等"，英文文献后加"et al."；引用相同作者同一年份内不同文献，则按照文中出现先后顺序，在年份后标出小写英文字母顺序；引用论文集文献，直接注明作者姓名，不必另标出文集主编姓名。

3. 引用原文文字过长（一般为三行以上）时，须将整个引文单独成段，并左缩进两个字符。段落字体为5号楷体，不加引号。

（二）注释

不宜在正文中出现但需要进一步澄清、引申的文字，采用当页脚注，用①、②、③……标注，每页重新编号。

（三）参考文献

1. 列于正文后，并于正文中出现的括号注一致，同时按照中文、英文依次排列。

2. 中文、英文文献都按照作者姓名拼音从A到Z排列。与正文括号注不同，文末参考文献中所有作者必须全部列出。英文文献姓在前，名的首字母大写，著作与期刊名用斜体字。

例4：夏书章主编，2003，《行政管理学》，广州：中山大学出版社。

例5：周雪光，2005，《逆向软预算约束：一个政府行为的组织分析》，《中国社会科学》第2期。

例 6：杨瑞龙，1999，《"中间扩散"的制度变迁方式与地方政府的创新行为——江苏昆山自费经济技术开发区案例分析》，载张曙光主编《中国制度变迁的案例研究》（第二集），北京：中国财政经济出版社。

例 7：Wildavsky, A. 1980. *How to Limit Government Spending*. Los Angeles: University of California Press.

例 8：O'Brien, K. J. & Luehrmann, L. M. 1998. Institutionalizing Chinese Legislatures: Trade-offs between Autonomy and Capacity. *Legislative Studies Quarterly*, 23（1）: 420 – 430.

例 9：O'Donnell, G. 1999. Horizontal Accountability in New Democracies. In Schedler, A., Diamond, L. & Plattner, M. Eds. *The Self-restraining State: Power and Accountability in New Democracies*. Boulder: Lynne Rienner Publishers.

3. 其他未公开发表文献按照作者、年份、题名、出处顺序标注。学位论文类文献按照作者、年份、题名、毕业大学顺序标注，并注明为未发表的学位论文。网络文献按照作者、年份、题名、访问网站名称、访问路径顺序标注。

例 10：张康之，2006，《超越官僚制：行政改革的方向》，人民网：http://theory.people.com.cn/GB/40764/55942/55945/4054675.html。

例 11：周子康，1991，《中国地方政府编制管理定量分析的研究》（会议论文），北京：东部地区公共行政组织第十四届大会。

四 权利与责任

（一）请勿一稿数投。

（二）凡涉及国内外版权问题，均遵照《中华人民共和国著作权法》及有关国际法规执行。

（三）本刊刊登文章，均加入网络系统。若无此意愿，请来稿时注明。

（四）投稿 3 个月内未收到刊用通知者，请自行处理。

（五）本刊热诚欢迎国内外学者将已出版的论著赠予本刊编辑部，备"书评"之用，以期建设学术批评的气氛；本刊也热诚欢迎国内外学者或机构将数字治理领域的重要学术信息及时通报我们，以期将《数字治理评论》建设成学术交流的平台。

图书在版编目(CIP)数据

数字治理评论. 第2辑 / 郑跃平主编. -- 北京：社会科学文献出版社, 2018.11
ISBN 978-7-5201-3477-4

Ⅰ.①数… Ⅱ.①郑… Ⅲ.①公共管理 - 数字化 - 研究 Ⅳ.①D035-0

中国版本图书馆CIP数据核字(2018)第215620号

数字治理评论 第2辑

主　　编 / 郑跃平

出 版 人 / 谢寿光
项目统筹 / 杨　阳　谢蕊芬
责任编辑 / 杨　阳　马云馨

出　　版 / 社会科学文献出版社·社会学出版中心(010)59367159
　　　　　　地址：北京市北三环中路甲29号院华龙大厦　邮编：100029
　　　　　　网址：www.ssap.com.cn
发　　行 / 市场营销中心(010)59367081　59367083
印　　装 / 三河市尚艺印装有限公司

规　　格 / 开本：787mm×1092mm　1/16
　　　　　　印 张：10.75　字 数：152千字
版　　次 / 2018年11月第1版　2018年11月第1次印刷
书　　号 / ISBN 978-7-5201-3477-4
定　　价 / 59.00元

本书如有印装质量问题，请与读者服务中心(010-59367028)联系

版权所有 翻印必究